SUA ESCRITA, SUA PERSONALIDADE

Dados Internacionais de Catalogação na Publicação (CIP)
(Câmara Brasileira do Livro, SP, Brasil)

Camargo, Paulo Sergio de
Sua escrita, sua personalidade / Paulo Sergio de Camargo. — São Paulo :
Ágora, 2009.

ISBN 978-85-7183-061-5

1. Escrita 2. Escrita - Avaliação 3. Grafologia 4. Personalidade - Análise
I. Título.

09-00229 CDD-155.282

Índice para catálogo sistemático:

1. Escrita : Estudo de personalidade : Psicologia individual   155.282

Compre em lugar de fotocopiar.
Cada real que você dá por um livro recompensa seus autores
e os convida a produzir mais sobre o tema;
incentiva seus editores a encomendar, traduzir e publicar
outras obras sobre o assunto;
e paga aos livreiros por estocar e levar até você livros
para a sua informação e o seu entretenimento.
Cada real que você dá pela fotocópia não autorizada de um livro
financia um crime
e ajuda a matar a produção intelectual em todo o mundo.

SUA ESCRITA, SUA PERSONALIDADE

Paulo Sergio de Camargo

EDITORA
ÁGORA

SUA ESCRITA, SUA PERSONALIDADE
Copyright © 2009 by Paulo Sergio de Camargo
Direitos desta edição reservados por Summus Editorial

Editora executiva: **Soraia Bini Cury**
Assistentes editoriais: **Andressa Bezerra e Bibiana Leme**
Capa: **Hey Bro design**
Diagramação: **Acqua Estúdio Gráfico**

Editora Ágora
Departamento editorial:
Rua Itapicuru, 613 – 7º andar
05006-000 – São Paulo – SP
Fone: (11) 3872-3322
Fax: (11) 3872-7476
http://www.editoraagora.com.br
e-mail: agora@editoraagora.com.br

Atendimento ao consumidor:
Summus Editorial
Fone: (11) 3865-9890

Vendas por atacado:
Fone: (11) 3873-8638
Fax: (11) 3873-7085
e-mail: vendas@summus.com.br

Impresso no Brasil

Sumário

Introdução 7

1. Minha letra é feia 9

2. Tenho três tipos diferentes de letra 14

3. Com que parte do corpo escrevo? 18

4. Falsificaram minha assinatura. E agora? 21

5. Escrevo sem tocar as linhas:
   sou ambicioso ou estou cansado? 25

6. Minha letra é grande ou pequena? 29

7. Minha letra é de forma 33

8. É muito estresse, muita pressão! 37

9. Por que sou canhoto? 41

10. Escrevo com as duas mãos. É normal? 47

11. Símbolos da escrita 51

12. Letras femininas e masculinas 55

13. Bastante curioso, mas não anormal 58

14. Existem doenças da escrita? 61

15. Existe uma relação entre tipos de escrita e profissões? 67

16. Minha escrita será analisada no processo seletivo 71

17. A síndrome do escrivão 73

18. Cartas anônimas 77

19. Escritas infantis 82

20. Letra de médico 86

21. Inteligência, criatividade e cultura 89

22. Assinaturas de famosos e desconhecidos 93

23. Como posso melhorar minha letra para o vestibular? 99

24. Como posso saber mais? 102

Introdução

A escrita está presente no nosso cotidiano, mas nem sempre damos a devida importância a ela. Assim como tudo que não é valorizado de forma adequada, várias questões relacionadas com a escrita podem causar os mais diversos tipos de problema.

Os prejuízos financeiros e psicológicos provocados pela incorreta utilização da escrita são imensos. Pense nos transtornos ligados a ter sua assinatura falsificada, à escrita ilegível no vestibular; pense nos problemas que a criança tem na escola pela dificuldade de escrever corretamente, na vergonha de não saber assinar o próprio nome! Muitos desses contratempos poderiam ser evitados, bastando para isso conhecer mais sobre este assunto tão fascinante que é a escrita.

Resolvi escrever este livro quando fiquei mais de cinco horas no aeroporto de Brasília à espera de um voo. Depois de muito procurar, não encontrei nenhum livro com que pudesse me ocupar e "matar" as horas de espera que eu tinha pela frente. Achei que seria muito bom ler um livro que falasse da escrita de modo simples e direto, das dúvidas, das curiosidades e da sua importância para todos os povos. Afinal, a escrita é indelével, está presente todos os dias, inclusive e especialmente para quem não sabe escrever.

Tomada então a decisão de escrever tal livro, mãos à obra! Iniciei pelas perguntas mais frequentes que respondo quando realizo palestras ou cursos, tanto no Brasil como no exterior.

As questões, por incrível que pareça, são as mesmas; as dúvidas e os comentários do público da Argentina, do Chile, da Espanha, do México ou do Brasil são praticamente iguais. Eles também surgem nas entrevistas que concedo a emissoras de televisão e a jornais – ou seja: todos nós temos vontade de conhecer mais sobre esse ato que praticamos quase diariamente. Entretanto, não nos damos conta do intenso e brutal treinamento (forçado) a que fomos submetidos para escrever corretamente.

Uma vez aprendido, o processo da escrita não é mais esquecido: escrever passa a ser um movimento tão banal que só sentimos sua falta quando se torna impossível, como no caso de alguém que quebra um braço e não pode nem assinar papéis.

Procurei escrever em linguagem simples e sem muitos termos técnicos, em que pese a complexidade do assunto.

Agora, só me resta anunciar o seguinte ao prezado leitor: "Você vai ingressar ou se aprofundar no fascinante mundo da escrita. Espero que aquelas horas no aeroporto não tenham sido em vão. Seja bem-vindo!"

1
Minha letra é feia

Não, sua letra não é feia. A escrita é uma atividade exclusivamente humana. O gesto gráfico é único; peritos em grafotecnia dizem que não existem dois grafismos iguais na face da Terra. Trata-se de uma lei – até hoje ninguém conseguiu provar o contrário –, um fato cientificamente comprovado e aceito por toda a comunidade científica internacional e principalmente pelos poderes judiciários.

Crépieux-Jamin, o mais importante grafólogo de todos os tempos, identificou 175 características presentes em cada escrita, sendo que, quando misturadas entre si, resultam em um número quase infinito de escritas possíveis.

Ao ingressar na escola, por meio de vários procedimentos, a criança aprende a escrever segundo o modelo escolar predeterminado. No início, trata-se de um movimento imitador, voluntário e consciente; porém, como não somos máquinas, ao longo do tempo ocorre em cada um de nós uma transformação individual quanto aos aspectos psicomotores, fisiológicos, psicológicos etc. Da infância à idade adulta, essa transformação, chamada grafogênese, é muitas vezes natural e involuntária.

A evolução (ou regressão) da nossa escrita depende de muitos fatores. Cada pessoa tem seu ciclo e suas características. Não se pode determinar, por exemplo, em que período a pessoa começou a escrever – se era criança, adolescente ou adulto –, tampouco se pode indicar com precisão a idade de uma pessoa pela escrita. Em muitos casos, a "idade psicológica" da pessoa é diferente da idade real; sendo assim, um adulto pode ter uma escrita infantil, o que demonstra que a evolução da personalidade não está sendo realizada naturalmente.

Nossa escrita pode ser modificada por causas ditas normais e acidentais. As primeiras são resultantes da evolução da pessoa, desde a infância, passando pela adolescência e pela maturidade, até a velhice. As acidentais podem ser emotivas, patológicas ou físicas.

Antes de mais nada, vamos esclarecer um ponto fundamental. Muitas pessoas acreditam que é nossa mão a responsável pela escrita. Errado. A mão é o instrumento; também podemos escrever com o pé ou com a boca. A manifestação gráfica tem origem no cérebro. Qualquer alteração nesse órgão é automaticamente acusada na escrita, qualquer emoção presente é registrada na ponta da caneta, embora nem sempre sejamos capazes de perceber isso. Tente escrever quando estiver nervoso, agitado ou cansado: estados depressivos ou eufóricos modificam a estrutura do grafismo.

No que diz respeito às causas patológicas, já se sabe que as moléstias causam diversas modificações na escrita, embora em muitos casos seja quase impossível fazer um diagnóstico. Certas doenças apresentam reflexos que são facilmente percebidos, até os leigos são capazes de observá-los; por exemplo, a letra tremida de alcoolistas crônicos ou de um portador do mal de Parkinson. Como regra geral, pode-se dizer que qualquer doença causa, em graus diversos, modificações na escrita; isso vale até mesmo para os resfriados comuns.

As causas físicas que modificam o grafismo são quase infinitas. O calor e o frio são as mais comuns, sendo que em geral afetam apenas o tamanho da letra e a pressão sobre o papel, o que se deve, no caso do frio, ao endurecimento dos dedos; basta que a circulação volte ao normal para que a escrita se estabilize. Voltemos à letra feia. Partindo do modelo caligráfico escolar, cada um de nós vai modificando a escrita ao longo da vida; portanto, ela é a expressão de nossa individualidade, mostra quem somos, nossa verdadeira evolução. É fácil concluir que adultos que não alteraram a letra no transcurso dos anos, mantendo a letra caligráfica, são pessoas sem grande originalidade, que adotam um padrão e não o alteram. São pessoas que acreditam no "contrato social" e fazem de tudo para sustentá-lo. Podemos, nesse caso, estar diante de um professor, um militar ou qualquer profissional que só fará contestações de ordem interna ou familiar. Na sociedade, sua tendência será a aceitação do que lhe é imposto como papel social.

Quem apresenta escrita caligráfica valoriza e defende o tradicional, não vê necessidade de mudanças no curto prazo; acha que o já estabelecido é suficiente e no máximo quer vê-lo aperfeiçoado. Opõe-se a mudanças bruscas e é adepto das rotinas do cotidiano; evita transformações radicais, pois não gosta de surpresas. Resumindo: a escrita caligráfica representa a aceitação dos fatos, ordens e acontecimentos, sem muita contestação.

Nunca vi uma escrita de um grande gênio da humanidade que tivesse tais características; ao contrário, todos se afastaram do modelo escolar, ou seja, aplicaram sua individualidade àquilo que aprenderam. Com maior ou menor intensidade, as pessoas mudam sua escrita a partir do modelo escolar. O professor espanhol Mauricio Xandró diz que o melhor sinal de maturidade é uma escrita caligráfica personalizada, aquela em que impomos nossa individualidade ao que nos foi ensinado, sem desprezar esse conhecimento; aprendemos o padrão e o modificamos.

Então você me perguntaria: "A escrita caligráfica é ruim?"

É óbvio que não. Porém, apesar de poder parecer ideal, a escrita caligráfica nem sempre o é. Pequenas variações são bem-vindas. Existem escritas com traços originais, em que uma letra se liga a outra de forma inusitada, o autor simplifica o traçado, combina as formas, cria novas formas, mas sempre mantendo a legibilidade, sem exageros; os espaçamentos entre as palavras e linhas são equilibrados. Tudo isso mostra capacidade de separar o essencial do acessório, demonstra síntese, cultura, inteligência etc.

Para concluir: não existem escritas bonitas ou feias, elas representam aquilo que somos e, portanto, como disse Pierre Faideau: "O respeito ao outro implica o respeito à sua escrita".

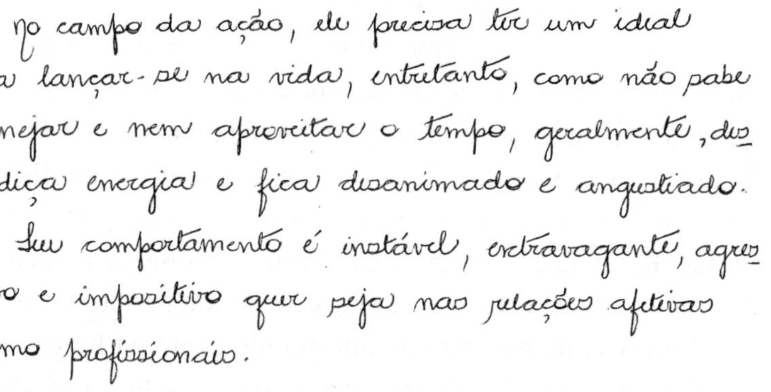

No campo da ação, ele precisa ter um ideal para lançar-se na vida, entretanto, como não sabe planejar e nem aproveitar o tempo, geralmente, desperdiça energia e fica desanimado e angustiado.

Seu comportamento é instável, extravagante, agressivo e impositivo quer seja nas relações afetivas como profissionais.

Figura 1.1. Escrita caligráfica. Linhas em direção reta (retilíneas), com o início ligeiramente ascendente. Tamanho médio das letras ovais. Escrita limpa, legível, com espaçamento estruturado entre linhas e palavras.

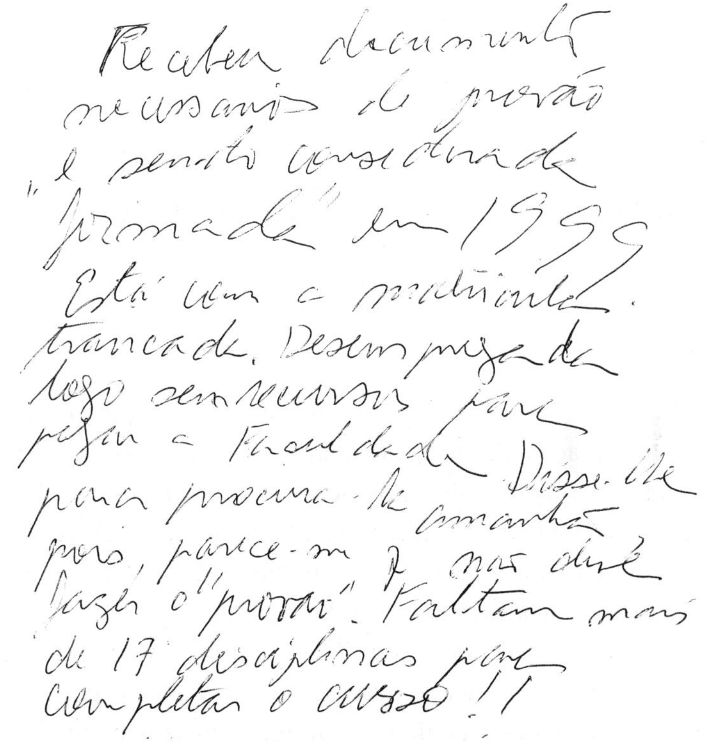

Figura 1.2. Mulher, de 26 anos, sob cuidados médicos. Escrita rápida, confusa, com direções variadas das linhas; início ascendente. Tamanho variável das letras. Causas psicológicas e físicas influem na variação da escrita.

2

Tenho três tipos diferentes de letra

Muitas vezes, quando as pessoas descobrem que, por meio de uma avaliação da escrita, podemos observar traços da personalidade, a primeira coisa que escuto é: "Comigo vai ser difícil, pois escrevo de maneiras diferentes; tenho no mínimo três tipos de escrita que nunca são iguais". Até que ponto isso é verdade é o que vamos esclarecer neste capítulo.

O perito francês Solange Pellat* – isso mesmo, no masculino – criou as quatro leis da escrita, que são aceitas em todo o mundo. A terceira delas diz o seguinte: "Não se pode modificar voluntariamente em um dado momento sua escrita natural senão introduzindo no seu traçado a própria marca do esforço que foi feito para obter a modificação".

Tecnicamente, é quase impossível que uma pessoa tenha dois tipos de escrita.

"Então por que essas duas escritas que eu fiz agora são completamente diferentes?"

Calma! Primeiramente temos de esclarecer que são avaliadas dezenas de características da escrita; para alguns especialistas, são aproximadamente duzentas: tamanho, pressão, inclinação, direção das linhas, velocidade, quantidade e formas de

---

* Enunciou as leis da escrita no livro *Les lois de l'écriture* (Paris: Vuibert, 1927).

ligação entre as letras, entre outras. Falando apenas de tipos de pressão, existem quase duas dezenas: fraca, forte, profunda (deixando marcas no papel), superficial, fina, variável etc.

Muitas vezes a pessoa altera em sua escrita duas ou três das duzentas características, mas os peritos são capazes de avaliar outras 150 não alteradas e, assim, de atestar a autenticidade da escrita. Por exemplo: as mudanças podem acontecer no tamanho da letra ou na inclinação dos traços (indo da direita para a esquerda ou vice-versa), e, desse modo, as pessoas acham que escreveram com outro tipo de letra. Contudo, a pressão da escrita, a velocidade e outros traços continuaram os mesmos. Por isso, até certo ponto é fácil para o perito identificar as falsificações.

Max Pulver, autor suíço, disse que "o consciente escreve e o inconsciente dita". Ao iniciar o texto, nosso consciente está em ação; à medida que escrevemos, o inconsciente aparece. Exemplificando: quando você começa um caderno novo, nas páginas iniciais existe um capricho maior (consciente), mas logo depois voltamos ao normal (inconsciente).

Graças a isso, os peritos em grafotecnia conseguem avaliar se uma assinatura é falsa e até mesmo se a pessoa executou uma autofalsificação da letra. Em muitos casos a pressão tende a ser a mesma, os traços finais das letras são iguais, as ligações entre as letras (um dos detalhes mais difíceis de mudar) são praticamente idênticas.

Existem pequenos sinais que somente a própria pessoa coloca em sua escrita, os quais são quase invisíveis e aparecem sem querer naquela letra que foi "falsificada", assim como aparecem na "verdadeira". A posição da caneta, por exemplo: escrevemos com ângulos de inclinação diferentes, sendo que, quando ampliadas no microscópio, as ranhuras são diferentes. Além do mais, o perito examina também o tipo de tinta, de papel e muitos outros fatores.

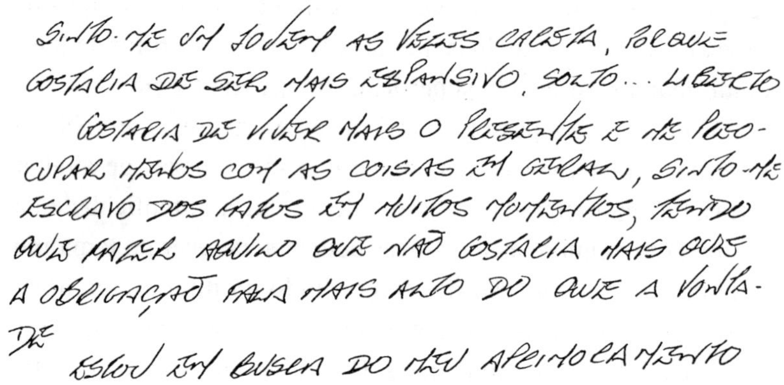

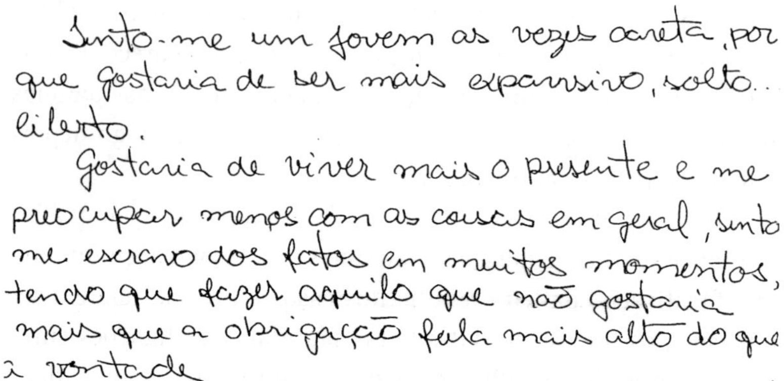

Sinto-me em todos, às vezes careta, porque gostaria de ser mais expansivo, solto... liberto. Gostaria de viver mais o presente e me preocupar menos com as coisas em geral, sinto-me escravo dos fatos em muitos momentos, tendo que fazer aquilo que não gostaria mais que a obrigação fala mais alto do que a vontade.
Estou em busca do meu aprimoramento.

Sinto-me um jovem às vezes careta, porque gostaria de ser mais expansivo, solto... liberto.
Gostaria de viver mais o presente e me preocupar menos com as coisas em geral, sinto me escravo dos fatos em muitos momentos, tendo que fazer aquilo que não gostaria mais que a obrigação fala mais alto do que a vontade.
Estou em busca do meu aprimoramento

Figuras 2.1 e 2.2. A primeira grafia é tipográfica e a segunda, caligráfica. Um perito facilmente descobriria que foram executadas pela mesma mão diretora. A pessoa aprendeu a escrever da maneira utilizada no primeiro exemplo, por isso o gesto é mais fluido, não se observam as variações do segundo caso.

Para ser mais preciso: as pessoas que imaginam escrever de várias maneiras na realidade mudam alguns traços, os demais são constantes. É muito comum que a velocidade da escrita varie, a direção das linhas sofra pequenas alterações; contudo, a gênese do traçado gráfico é a mesma.

Os peritos em grafotecnia dizem que não existem duas escritas iguais. Trata-se de uma lei que continua válida até hoje, pois nunca se conseguiu provar o contrário, e é aceita no mundo científico e, principalmente, no judiciário.

3
Com que parte do corpo escrevo?

Responda rapidamente a essa pergunta. Pronto? Caso tenha respondido "com a mão", infelizmente você errou.

"Não é possível, escrevo com a mão, sim, senhor!" Certo. Vamos ver se eu conseguirei mudar sua opinião até o fim deste capítulo.

Até o final do século XIX, acreditava-se que escrevíamos com a mão. Médicos alemães começaram a pesquisar a fisiologia do cérebro e provaram científica e incontestavelmente que a escrita é um gesto originado em outro lugar. Por volta de 1895, o doutor Wilhelm Preyer, professor de fisiologia na Universidade de Jena, apresentou novas pesquisas as quais demonstraram que a escrita é um ato cerebral, não importando o instrumento ou a parte do corpo utilizados para escrever – poderia ser a mão, o pé ou a boca.

Alguns anos mais tarde, já sabendo disso, Solange Pellat disse o seguinte ao enunciar a primeira lei da escrita: "O gesto gráfico está sob a influência imediata do cérebro. Sua forma não é modificada pelo órgão escritor se este funciona normalmente e se encontra suficientemente adaptado à sua função".

Esse enunciado é bastante claro e mostra que o nosso cérebro é o gerador do gesto gráfico – desde que a pessoa tenha todo o aparelho ósseo-muscular funcionando de forma equilibrada.

"Você pode dar um exemplo?"
Se você for destro, primeiro tente escrever com a mão esquerda; depois de um pouco de treinamento, sua escrita vai ficar bastante parecida com a da mão direita. Você se lembra de ter escrito alguma coisa na areia da praia com os pés? Pois bem, o gesto gráfico do pé é quase igual ao da mão. O processo de adaptação é muito visível em pessoas obrigadas a trocar de mão para escrever devido a problemas como tendinites, lesões por esforços repetitivos ou até mesmo perda do braço. Após algum tempo, o gesto gráfico fica igual ao anterior. Esse tipo de estudo é muito extenso em todo o mundo, analisando inclusive pessoas que perderam os braços e escrevem com os pés ou até mesmo com a boca.

Cada letra ou palavra que você escreve no papel, por mais simples que seja, exige do cérebro um trabalho extremamente complexo. A área de Broca é responsável pela nossa expressão verbal e escrita. De modo resumido, trata-se de como o nosso cérebro junta, de maneira coerente, as letras e sílabas de cada palavra. Mais do que montar uma frase, essa área faz que ela tenha sentido; quando lesionada, a pessoa passa a apresentar grande dificuldade para falar e escrever.

Neurologistas em todo o mundo catalogaram diversas desordens resultantes de acidentes vasculares cerebrais; os distúrbios da linguagem recebem o nome de afasia. A afasia de Broca é um deles; nesse caso, a pessoa tem dificuldade de falar mesmo que possa entender a linguagem ouvida ou lida. Outros dois, entre centenas de outros distúrbios, são: alexia, ou inabilidade adquirida de compreender a linguagem escrita, e agrafia, ou inabilidade adquirida de produzir linguagem escrita.

Com tudo isso, há mais de cem anos está provado que a mão é apenas um instrumento utilizado pelo cérebro para que você possa escrever.

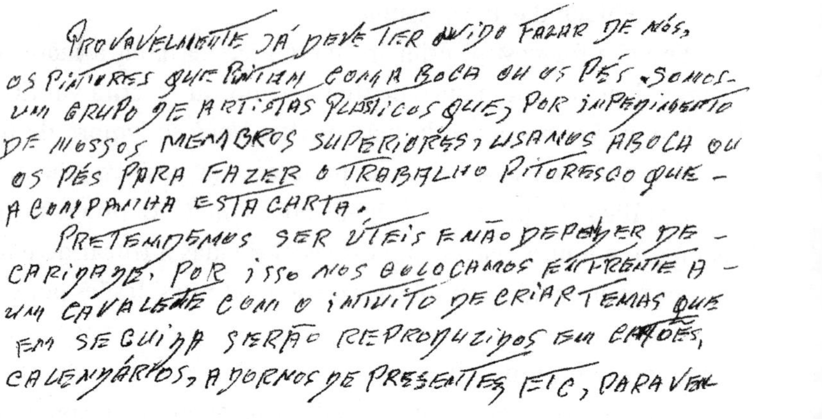

[Handwritten text in figure]

Figura 3.1. Este maravilhoso exemplo mostra a escrita executada com o pé.
O pintor, que não tem os membros superiores,
demonstra sua força de vontade. Quem escreve é o cérebro.

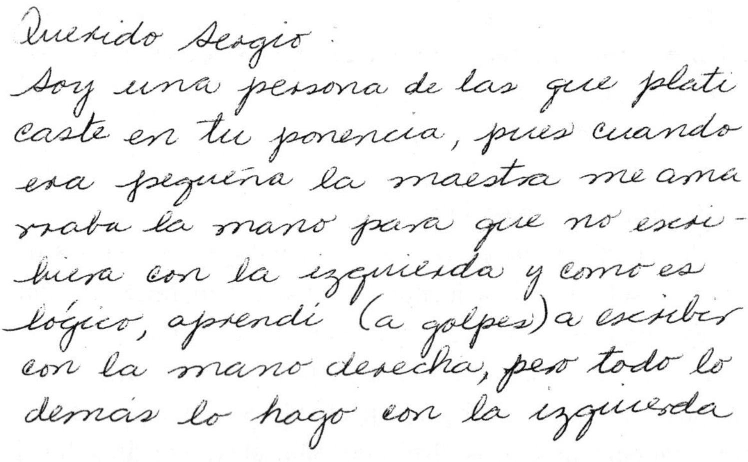

[Handwritten text in figure]

Figura 3.2. Escrita de uma mulher canhota que foi obrigada,
pelos pais e professores, a aprender a escrever com a mão direita.
O gesto gráfico não parece acusar nenhum tipo de alteração.

4
Falsificaram minha assinatura. E agora?

Muitas pessoas chegam a entrar em pânico quando descobrem que sua assinatura foi falsificada. Não é para menos, qualquer um ficaria assustado. Mas é preciso ter calma, pois isso pode ser resolvido, e muitas vezes mais facilmente do que se pensa. Antes vamos falar um pouco sobre como se falsifica uma escrita.

A falsificação sem imitação é aquela em que a pessoa falsifica a escrita sem se preocupar em reproduzi-la com precisão, sem procurar copiá-la ou imitá-la, até mesmo esquecendo-se da original. A "cara-de-pau" é tanta que o falsificador utiliza a própria escrita, ou seja, ele assina o nome da vítima com a própria letra. Para o perito grafotécnico, esse é o caso mais fácil de avaliar, podendo-se praticamente assegurar que não foi a vítima da falsificação quem assinou.

Na falsificação de memória, o falsário já está familiarizado com a assinatura de sua vítima e tenta reproduzi-la sem ver o original. Utiliza a memória, tenta incorporar os aspectos que mais chamam a atenção na assinatura que vai falsificar, especialmente em relação às letras maiúsculas, aos traços iniciais e finais. O resultado é uma escrita híbrida, que mescla dois tipos de letra. Quando chamado, o perito tem pouco trabalho para provar a falsificação.

A falsificação por imitação servil é representada pela assinatura feita mediante cópia, isto é, com o modelo (original) à vista. O falsificador faz um treinamento, executando-a duas ou três vezes, e depois assina. Assim como nos casos anteriores, o perito não encontra dificuldade para elucidar a farsa.

Outro tipo que também exige pouco trabalho de análise é a falsificação por decalque. Nesse caso, coloca-se a assinatura original em cima de um papel e a pessoa passa a caneta por cima dela, de modo que o molde fique marcado embaixo; depois, é só escrever por cima da marca. Algumas vezes se usa até mesmo papel-carbono.

"Será que não existem complicações?"

Claro que sim. A falsificação livre ou exercitada é aquela derivada de um treinamento prévio da assinatura ou da escrita que se deseja falsificar. É o tipo mais difícil de identificar, portanto o mais perigoso e o que traz mais dores de cabeça para a vítima. Nos arquivos policiais de todo o mundo, existem casos de pessoas especializadas nesse tipo de crime. Treinam durante meses ou até anos para assinar e escrever como as vítimas. Alguns falsificam testamentos e cartas completas. Os nazistas arregimentaram especialistas nesse tipo de falsificação para criar provas contra seus adversários.

A revista alemã *Stern* publicou, em abril de 1983, os "Diários de Hitler"; foram 42 páginas de trechos do suposto diário e dez exemplos de escrita. Os periódicos *Sunday Times*, de Londres, *Newsweek*, dos Estados Unidos, e *Paris Match*, da França, entre outros, adquiriram o direito de publicação. Vários peritos disseram que a escrita era verdadeira. Contudo, descobriu-se que o material usado (tinta, papel etc.) era do pós-guerra. O falsário Konrad Kujau, muito conhecido no meio, foi condenado, e o jornalista da revista alemã foi acusado de ser conivente com a farsa.

Mesmo nesses casos, um bom perito consegue, por meio de elementos e técnicas especiais, encontrar diferenças que levam à prova do crime.

Figura 4.1. Falsificação por decalque. A primeira assinatura é a original. A mais abaixo foi utilizada como modelo para o decalque. A assinatura à direita é a falsificação, grosseira para um perito em grafotecnia; o traçado é trêmulo, algo que mesmo um leigo é capaz de observar. Apesar disso, foi aceita pelo vendedor.

"Mas o que devo fazer se falsificarem minha assinatura?" Primeiro você deve procurar a polícia e registrar a ocorrência; quanto mais rápido, melhor. Os tribunais judiciários, a Polícia Federal, as Forças Armadas, a Polícia Civil e os bancos possuem especialistas em grafotecnia. Também existem especialistas no Instituto Carlos Éboli, no Rio de Janeiro, na Universidade Estadual de Campinas (Unicamp), no Instituto de Criminalística, em São Paulo, entre outros locais. Normalmente essas instituições apenas fazem perícias por solicitação da Justiça, não atendendo casos particulares. Mas você deve procurar um perito autônomo. A maioria deles é oriunda dos quadros policiais e é bastante experiente. No caso de os bancos aceitarem cheques com assinaturas falsificadas, o ônus da prova é deles; peça que provem que a assinatura é sua.

"Existem meios de evitar a falsificação de assinaturas?"
Nem sempre. Enquanto os falsários andam em carros de fórmula 1, nós vamos de carroça; afinal, o trabalho deles é esse, são especialistas. Alguns se consideram "artistas" da falsificação, mas não passam de criminosos.

Mantenha a sua assinatura atualizada nos bancos, não a altere de repente. E se você for vítima de falsificação, procure um bom perito grafotécnico, é a melhor garantia de que resolução do seu problema. Basta escrever, nos *sites* de buscas, "peritos grafotécnicos". E boa sorte!

5

Escrevo sem tocar as linhas: sou ambicioso ou estou cansado?

Certamente você tem noção de suas ambições, mas muitas pessoas têm dificuldade de saber se elas são proporcionais às suas verdadeiras possibilidades. Há alguns anos encontrei um jovem que dizia "com todas as letras" que seria piloto de fórmula 1, mas, aos 18 anos, jamais havia dirigido um carro. Sonhar é muito bom; colocar os pés no chão de vez em quando é melhor ainda.

"Mas como posso saber se sou ambicioso pela minha escrita?"

Escrever é um ato de vontade, temos de utilizar o corpo e a mente para que o gesto gráfico se reproduza no papel. Gastamos muita energia física e mental para isso. Para que a pessoa consiga aquilo que deseja, precisa estar motivada, necessita ter força de vontade, energia, e ir em frente, em busca do objeto de desejo.

A escrita ocidental é feita da esquerda para a direita e de cima para baixo. As linhas ideais são as retilíneas, aquelas que acompanham o sentido horizontal do papel, ou seja, cuja trajetória é reta. É assim que aprendemos na escola, em cadernos com pautas, que servem de baliza. A situação muda quando o papel está em branco; nem sempre conseguimos escrever de maneira retilínea. Algumas pessoas escrevem formando linhas sinuosas, ou ascendentes, ou descendentes etc. Existe até um tipo que se chama "em leque": a escrita começa ascendente, torna-se retilínea e depois descendente.

A direção das linhas no papel reflete, antes de tudo, as variações de humor e a vontade de quem escreve, e está intimamente ligada ao controle (ou falta dele) de nossas energias. A pessoa que escreve ou assina de maneira retilínea mostra constância e perseverança naquilo que realiza. Tem bom controle de seus impulsos. Quando assume compromissos, faz todo o possível para conservar-se à altura do que foi prometido e não desmerecer a confiança nela depositada.

Na escrita ascendente, as linhas vão subindo à medida que a onda gráfica avança pelo papel; é sinal de ambição (inclusive intelectual) e entusiasmo, bom humor e otimismo. O escritor emprega energia e vivacidade em suas atividades, além de constante imaginação e fantasia. Costuma ter boa saúde física.

A escrita descendente acontece quando as linhas vão caindo ao longo do texto. Revela cansaço, desânimo e falta de vontade para enfrentar o mundo; também indica decréscimo da capacidade de trabalho e falta de energia para encarar os problemas da vida. Todavia, é preciso ter cuidado. Em alguns casos isso pode ser temporário, pois ocorre após partos e em períodos de cansaço (durante trabalhos pesados), pós-operatórios ou relacionados com infecções, tensão pré-menstrual, decepções ou desilusões etc. Após a recuperação, a escrita volta a ter a direção normal.

Por último temos a escrita sinuosa: as letras e as palavras oscilam em relação à linha que serve de base. Assinala sensibilidade e emotividade, tato e diplomacia, além de variações de ânimo; o humor e os propósitos são altamente flexíveis.

"E a pessoa que escreve no caderno pautado sem encostar nas linhas?"

Isso indica vontade de ser independente, de agir segundo seus princípios. Na escrita da criança ou do adolescente, de-

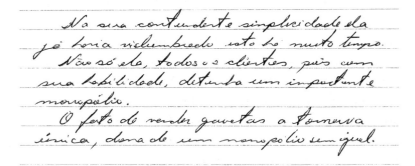

Figura 5.1. Escrita acima da linha, inclinada à direita e legível.
O tamanho das letras é pequeno.

Figura 5.2. Escrita em leque. Inicia-se de forma ascendente
e depois fica descendente. Esse tipo de escrita foi identificado
em 1905 pelo psiquiatra Joseph Rogues de Fursac.

monstra a necessidade de ser diferente dos demais. Trata-se de um forte sinal de individualidade, do desejo de ser único. No adulto, indica determinação e vontade, mas também o desejo de ser um pouco diferente.

A variação na direção das linhas atrai muito minha atenção. Há alguns anos, fiz um estudo de cunho estritamente particular de escritas de oficiais do Exército brasileiro, desde tenentes até generais. Cerca de 80% das assinaturas dos tenentes eram ascendentes e cerca de 15%, retilíneas. À medida que evoluíam na carreira, a ascendência da escrita diminuía. Essa proporção chegou a se inverter no posto de general: cerca de 80% deles escreviam de maneira retilínea. Isso demonstra ambição no início da carreira e estabilidade no final.

6
Minha letra é grande ou pequena?

Você já deve ter comparado sua escrita com a de outras pessoas, em especial o tamanho dela. Mas qual é o significado disso? Antes de tudo, o parâmetro criado para medir a dimensão da escrita é o tamanho das letras ovais (a, o). É muito fácil observá-las. Quando as ovais têm mais que três milímetros, a escrita é considerada grande; se tiverem menos que dois milímetros, pequena. Quando são muito grandes, chamamos a escrita de "exagerada"; em alguns casos, o tamanho das ovais pode chegar a até dez milímetros.

A escrita é considerada uma atividade de expressão do ser humano. No entender do grafólogo europeu Michel de Grave, é um "gesto fossilizado", ou seja, o resultado de um gesto psicomotor que pode ser interpretado fazendo-se um paralelo com a linguagem não-verbal (de modo paradoxal, pois não deixa de ser uma forma de linguagem). Assim, o tamanho da letra mostra o sentimento da pessoa sobre si e, consequentemente, a relação do escritor com os demais e com a realidade.

O tamanho da escrita tende a variar de acordo com a idade e o momento pelo qual a pessoa passa – não só o tamanho das ovais, mas também a forma como são escritas. Existem ovais redondas, ovaladas, triangulares e – pasmem – até ovais quadradas, o que a princípio pode parecer um absurdo, mas é verdade:

existem pessoas que escrevem as letras "a" e "o" em forma de quadrado. Todavia, esse é um assunto para outro livro.

A escrita grande corresponde a um deslocamento supérfluo de energia. A pessoa mostra a necessidade de gastar – mal – as energias com manifestações exteriores, gesticulando de forma exagerada e falando pelos cotovelos. Os movimentos extensos refletem a imaginação em detrimento da atenção. A pessoa quer se mostrar, ser valorizada, expor seus sentimentos por meio de atitudes e gestos. Também pode ser sinal de afetividade transbordante, de gosto pelo grandioso aliado a pompa e circunstância. Demonstra capacidade reduzida de atenção aos detalhes, visão panorâmica e dispersiva em relação àquilo que realmente interessa. Também é um dos sinais clássicos de extroversão.

A escrita pequena é sinal de que a pessoa se interioriza e concentra seus esforços naquilo que realiza. Existe certa resistência em interagir de modo total com o ambiente. Os pensamentos e os movimentos são concentrados, a atenção aos detalhes é grande, existe uma tendência a ver as minúcias. Há um sentimento de economia e utilidade das coisas. É normalmente relacionada com a introversão. Quando acontece em grau elevado, indica, no plano psíquico e temperamental, escassa capacidade de adaptar-se às situações. Muitas vezes tende a encontrar um defeito ou particularidade naquilo que os demais realizam. No sentido profissional, a pessoa revela tendência à especialização e à análise profunda dos pormenores. Em muitos casos a escrita pequena pode ser temporária, devido a fatores inibitórios como frio, cansaço e estado depressivo.

Quando a escrita é muito pequena (chamada "pata de mosca"), com ovais tendo menos que um milímetro, convém fazer uma avaliação oftalmológica, pois muitas crianças escrevem assim por problemas de visão. Por outro lado, o grafismo pode diminuir com o aumento da idade do escritor, fato que deve ser interpretado como resultado de uma concentração de esforços: como o escritor perde tônus e energia com o passar dos anos, passa a economizar ou a utilizá-los de maneira mais racional.

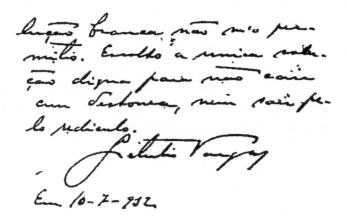

Figura 6.1. O tamanho desta escrita é pequeno, pois se consideram as medidas realizadas nas letras ovais. As hastes e as pernas, assim como os acentos, sobressaem, sendo até exagerados. A direção das linhas é um pouco descendente. A ligação da letra "t" com a letra "v" na assinatura demonstra inteligência, praticidade e energia ao mesmo tempo.

Figura 6.2. Escrita grande. A ligação entre a barra do "t" e a letra seguinte e a forma do til na palavra "são" indicam rapidez e agilidade mental.

Existem escritas em que o tamanho das ovais é extremamente variável: podem aparecer, na mesma palavra, ovais com menos que dois milímetros e outras com mais que cinco milímetros. Isso é muito comum. Nesse caso, o gesto psicomotor tende a não ser tão controlado como deveria. A pessoa demonstra prontidão e força cada vez que inicia empreendimentos, revelando todo o potencial de que dispõe, e depois sente a necessidade de acalmar-se, mas quase imediatamente volta ao seu estado inicial, sendo que essas fases se sucedem com grande rapidez. Essas variações também mostram capacidade de mando e direção, desejo de destacar-se dos demais, necessidade e desejo de um ideal, tendência a ter o ego inflado.

7

Minha letra é de forma

Provavelmente você já preencheu diversos formulários que solicitavam o seguinte: "Use letra de forma". Também já observou que muitas pessoas escrevem com esse tipo de letra, mas talvez ainda não tenha se perguntado por que isso ocorre, por que a pessoa tem essa preferência ou até mesmo como ela surgiu.

Além das letras capitulares (maiúsculas) que eram gravadas em pedra, os romanos utilizavam uma forma de escrita cursiva que era mais rápida, cujo estilo era mais informal. Essa é considerada por alguns autores a origem remota do estilo itálico (inclinado) e das nossas minúsculas. Tinha o nome pomposo de *capitalis rustica*.

A escrita cursiva, com letras mais simples e redondas e caracterizada pelas ligações entre elas e pela extensão das hastes ascendentes e descendentes, difundiu-se, sendo rapidamente adotada pelos copistas de livros durante toda a Idade Média. Ela passou a ser a escrita própria dos textos cristãos, em oposição aos caracteres romanos dos textos pagãos.

Em torno do ano 800 d.C., o imperador Carlos Magno (742-814) instituiu um programa de educação com o objetivo de unificar a Europa Central e recuperar a aura e a grandeza do Império Romano. Para muitos pesquisadores, a caligrafia como arte começou nesse período, no qual os gauleses instituíram a letra carolina.

Caligrafia é uma palavra originária do grego – καλλιγραφια: καλλι (*kallos*) [cali], "belo", e γραφια (*graphos*) [grafia], "escrita". O termo é usado para descrever qualquer tipo de escrita à mão, porém também se refere à arte de escrever manualmente os signos (fonéticos ou ideográficos) com elegância, uniformidade, beleza. O primeiro volume sobre caligrafia foi publicado em 1522 pelo italiano Lodovico Arrighi; deve-se a ele o estilo que chamamos de itálico.

É interessante notar que os nazistas, na tentativa de controlar a educação de seus subordinados, criaram cadernos de caligrafia padronizados, obrigando as crianças a escrever com determinado tipo de letra.

"Por que as pessoas escrevem com letra de forma?"

Os principais motivos são os seguintes:

- legibilidade, quando a escrita cursiva é considerada feia;
- acidentes, impedindo que a pessoa escreva como antes (ao menos temporariamente);
- momento específico, como quando um adolescente imita um amigo ou professor;
- fatores psicológicos e ambientais;
- aprendizagem escolar.

"Existe uma interpretação psicológica para a letra de forma?"

Segundo o professor Vels, a escrita tipográfica, como também é denominada a letra de forma, é desenhada com o objetivo principal de "fazer bonito" diante de si mesmo e dos outros. Pode ocorrer em pessoas com elevado sentimento estético ou com falta de autenticidade, ou seja, preocupadas em demonstrar algumas qualidades pessoais perante o mundo. Por a escrita funcionar como um cartão de visitas, a pessoa teme não ser com-

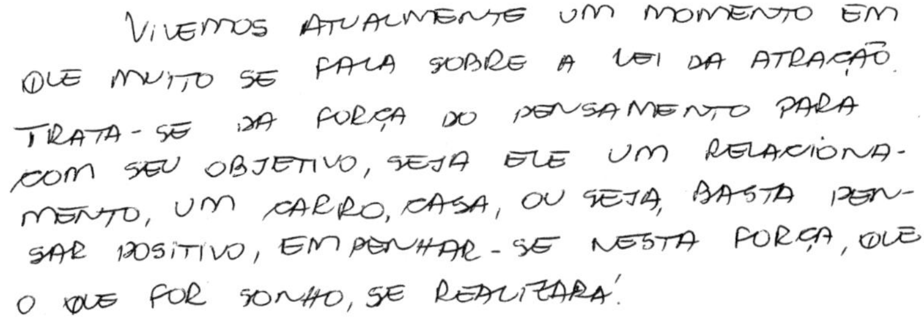

Figura 7.1. Em muitos países, inclusive em algumas escolas no Brasil, as crianças aprendem a escrever segundo o modelo tipográfico, sendo o caligráfico preterido. Aqui, em algumas palavras existem traços caligráficos e tipográficos.

preendida ou mostrar-se "feia". Essa necessidade a leva a escrever com letra de forma.

Contudo, essa explicação nem sempre é a mais completa. No Brasil e em outros países, já existem escolas que ensinam a escrever com letra tipográfica, deixando o modelo caligráfico de lado. Outras vezes, mesmo seguindo o modelo caligráfico, escrevemos palavras ou sentenças inteiras com letras tipográficas. Isso ocorre quando se fazem necessários a clareza ou o realce, indicando a importância que desejamos dar a um texto ou uma palavra. Essa escrita é muito utilizada quando escrevemos o endereço do destinatário em envelopes. Como existe a imperiosa necessidade de que qualquer pessoa entenda, reforçamos a legibilidade e o tamanho das letras – e usamos letras de forma.

Existe uma técnica utilizada por várias instituições policiais em todo o mundo que observa esse destaque nas cartas anônimas escritas por sequestradores e nas cartas de suicidas; elas podem fornecer (e realmente fornecem) importantes pistas para que os crimes sejam esclarecidos.

"Devo escrever com letra de forma ou cursiva?"

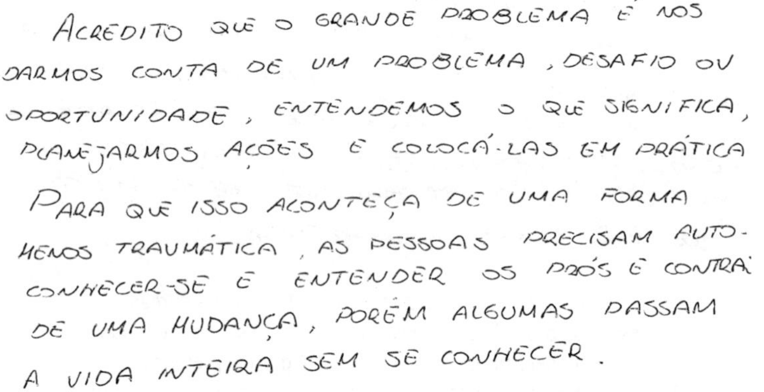

Acredito que o grande problema é nos darmos conta de um problema, desafio ou oportunidade, entendemos o que significa, planejarmos ações e colocá-las em prática para que isso aconteça de uma forma menos traumática, as pessoas precisam autoconhecer-se e entender os prós e contra de uma mudança, porém algumas passam a vida inteira sem se conhecer.

Figura 7.2. Escrita tipográfica. Linhas ascendentes.

Você, como qualquer pessoa, deve escrever da maneira que lhe parecer melhor e mais confortável. Mas lembre-se de que você precisa transmitir uma informação, e a legibilidade é um fator fundamental para isso.

8
É muito estresse, muita pressão!

Nas grandes empresas, e em tempos de globalização, há mais concorrência e competitividade. As mudanças ocorrem com uma rapidez jamais vista na história da humanidade e tendem a ser cada vez mais agressivas. Essas mudanças afetam o ser humano, causando aquilo que é chamado de "mal do século": o estresse. O estresse afeta o ambiente familiar e de trabalho, causando enormes prejuízos a pessoas e a empresas.

Classificado como doença pela Organização Mundial de Saúde (OMS), trata-se de uma resposta à incapacidade do indivíduo de se adaptar às mudanças cada vez mais rápidas no ambiente em que vive. O estresse é, na verdade, uma defesa do organismo. Primeiramente ocorre em todo o corpo uma descarga de adrenalina; os sistemas que mais acusam esse fato são o aparelho circulatório e o respiratório.

No aparelho circulatório ocorre a aceleração dos batimentos cardíacos, ou seja, a taquicardia. No respiratório, a adrenalina dilata os brônquios (broncodilatação) e induz ao aumento dos movimentos respiratórios para que haja maior captação de oxigênio. Quando o perigo vai embora, o organismo deixa de produzir adrenalina e tudo parece voltar ao normal. Mas não é bem assim. O estresse tem, entre outras características, efeito cumulativo. É como se o ser humano fosse uma pilha sendo carregada.

O organismo responde ao meio pelos sistemas nervoso e endócrino, que desempenham papel regulador, promovendo uma série de alterações no corpo e permitindo aos indivíduos que se preparem para uma reação de luta ou fuga perante o agente causador do estresse. Emocionalmente, o indivíduo apresenta alterações de humor, irritabilidade, depressão, ansiedade, tendência ao isolamento. A perda da autoestima pode ocorrer, podendo também surgir o medo e o sentimento de rejeição. As principais manifestações físicas são: azia, gastrite, úlceras, dores musculares, fadiga, insônia, taquicardia, infarto do miocárdio, palpitações, lesões na pele, diminuição do desejo sexual, arteriosclerose, entre outras.

Segundo o doutor Gilberto Ururahy, um dos maiores especialistas em estresse do Brasil, essa é uma doença que varia de acordo com o indivíduo; o que estressa uma pessoa não necessariamente estressa outra, portanto a abordagem deve ser sempre individual. O renomado autor diz que o nível de estresse no mundo contemporâneo aumentará muito.

"Então é possível detectar o estresse na escrita?"

Sim e não. Para o especialista, não é tão fácil encontrar uma síndrome gráfica que determine o estresse; entretanto, alguns estudos o identificam a uma escrita com vários sinais: tremores, letras incompletas, falta de pontuação ou pontuação errônea, espaços confusos e mal ordenados entre as linhas e palavras, falta de elasticidade, pressão variável, barra do "t" de vários tamanhos, pequenas torções etc.

Porém, mesmo que esses sinais apareçam de forma constante na escrita, o diagnóstico nunca é realizado somente com base na grafia, por força de leis e de ética médica. O autor da escrita normalmente é orientado a buscar um especialista para que seja examinado detalhadamente.

Você deve estar se perguntando qual é a utilidade disso. Em muitos casos, psicólogos e médicos que lidam com pessoas estressadas fazem exames clínicos específicos e assim chegam a um diagnóstico com maior precisão.

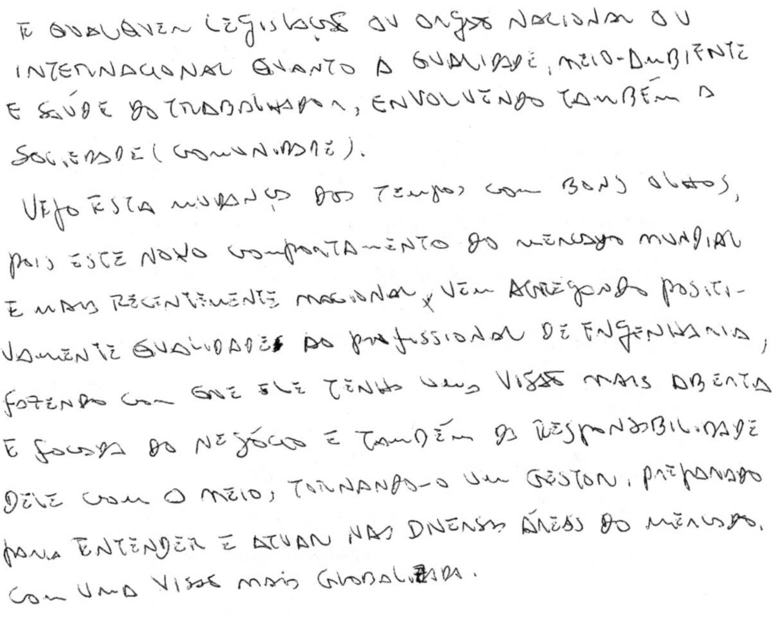

Figura 8.1. Existem diversos sinais de estresse, torção nas letras, variação de pressão etc. Não se podem realizar diagnósticos pela escrita, os traços são apenas indicativos. A escrita tem simplificações e ligações combinadas; apesar das tensões, indica inteligência.

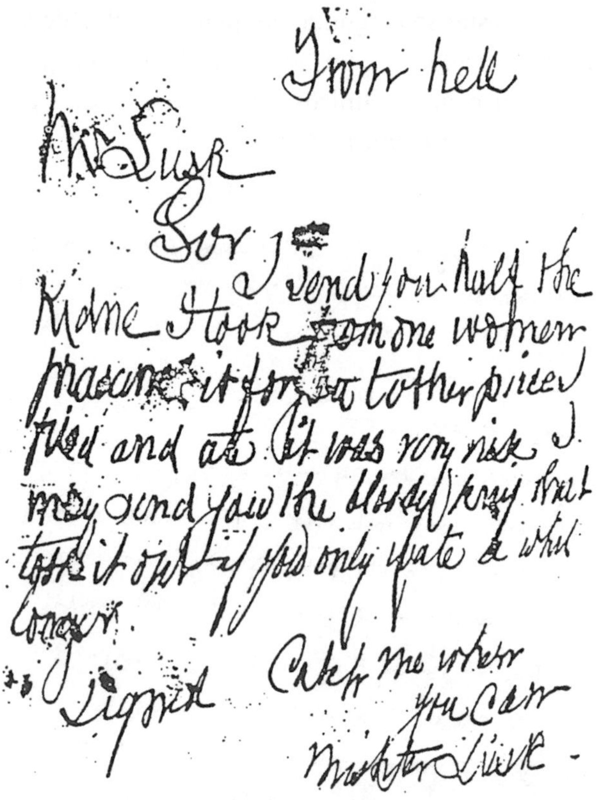

From hell
Mr Lusk
Sor I send you half the Kidne I took from one women prasarved it for you tother piece I fried and ate it was very nise I may send you the bloody knif that took it out if you only wate a whil longer
signed Catch me when you can Mishter Lusk

Figura 8.2. Escrita atribuída a Jack, o Estripador. A confusão entre letras e linhas é espantosa. A pressão sofre variações de todo tipo. A escrita é suja. Existem fortes sinais de agressividade e estresse.

9

Por que sou canhoto?

Infelizmente, não é possível fornecer uma resposta absoluta a essa pergunta. Existem várias hipóteses. Uma delas relaciona-se com a hereditariedade. Outra dá conta de que, nos primeiros anos de vida, a criança não tem preferência por uma das mãos, podendo, assim, ser influenciada ou treinada pelo ambiente onde vive, ou seja, os pais canhotos influenciariam os filhos; a criança poderia aprender por imitação. Mas, ao que consta, isso não está confirmado cientificamente. Estudos mostram que, se os pais forem canhotos, a possibilidade de os filhos serem assim são maiores do que se os pais forem destros.

É verdade que as digitais dos polegares dos canhotos, além das linhas das mãos, são parecidas, enquanto nos destros elas são diferentes. Como as digitais são determinadas pelos genes, pode-se pensar que as causas responsáveis por a pessoa ser canhota são genéticas, mas isso também não está comprovado.

O lado esquerdo do cérebro nos destros é maior que o direito, enquanto nos canhotos praticamente não existem diferenças, mas ainda não se sabe a causa exata disso. Não foi encontrado um gene que determinasse o hemisfério dominante do cérebro, o direito ou o esquerdo. A predominância de um hemisfério cerebral recebe o nome de lateralidade (predominância lateral esquerda ou direita). A lateralidade esquerda é muito mais poderosa: os canhotos tendem a não ser tão "esquerdos" quanto os destros são "direitos".

De acordo com o lado dominante será definida a mão que escreve. Nas pessoas que usam principalmente a mão direita, as habilidades motoras estão situadas do lado esquerdo do cérebro. Se você é canhoto, as habilidades motoras estão divididas nos dois lados. Então, é natural que o canhoto utilize a mão direita em muitas de suas atividades normais, ou seja, pode escrever com a mão esquerda e tomar café com a direita. Os canhotos usam ambas as mãos indiferentemente para gesticular, por exemplo, enquanto os destros em geral usam a mão direita.

Ser canhoto ainda não é fácil em nosso país. Conheço várias pessoas que foram forçadas a escrever com a mão direta. Não existem estudos conclusivos a respeito disso, mas pela experiência pode-se inferir que, além da natural revolta, a troca pode ocasionar problemas psicológicos e motores em outras fases da vida.

O mundo foi feito para os destros: tesouras, maçanetas, abridores de lata, instrumentos musicais etc. Pense em como uma criança de 6 anos se sente na sala de aula sendo a única canhota entre quase quarenta destros. E, para piorar, muitas salas de aula contam apenas com cadeiras "universitárias" feitas para os destros. A criança passa o ano todo escrevendo com uma postura torta. Isso pode influir de modo decisivo no rendimento escolar.

Ser canhoto, por outro lado, tem algumas vantagens, especialmente em esportes como o beisebol, em que existem mais destros. Na esgrima, a dificuldade para se enfrentar o canhoto é notória. Em resumo, na maioria dos esportes em que existe contato físico os atletas estão acostumados com os destros; quando têm pela frente canhotos habilidosos, tendem a se complicar.

A perfeita noção da mão diretora ou a definição da lateralidade só são atingidas entre os 6 e os 8 anos de idade. Antes disso, a criança muda a mão diretora várias vezes, desde as primeiras semanas após o nascimento. Alguns neurocientistas dizem que a lateralidade começa ser definida aos 5 anos; até lá, é normal que a criança utilize as duas mãos com a mesma intensidade.

"Então, o que fazer quando a criança começa a pegar o lápis, a caneca etc.?"

Deixe que ela escolha a mão, tanto faz se for a direita ou a esquerda. Também não se preocupe se a escolha variar, a dominância ainda não foi estabelecida.

Pesquisas também demonstraram que não podemos afirmar que os canhotos sejam mais inteligentes que os destros. Existem gênios que escrevem com a mão esquerda, como foi o caso de Einstein, mas há várias pessoas cujo intelecto pode ser considerado medíocre que também escrevem assim. Centenas de brasileiros canhotos ficaram famosos e fizeram sucesso pelo talento e não especificamente pelo fato de serem canhotos; Pelé, Ayrton Senna e Romário estão entre eles. Internacionalmente podemos citar: Napoleão Bonaparte, Mahatma Gandhi, Pablo Picasso, Leonardo da Vinci e os dois "Bills", o Clinton e o Gates, fazendo parte de uma fila quase infinita.

O caso de Leonardo da Vinci merece ser destacado: além de escrever com as duas mãos, ele também escrevia de forma invertida e especular – a escrita pode ser lida facilmente quando se coloca o papel em frente a um espelho. Ele fazia isso com a finalidade de ocultar o conteúdo de suas anotações.

Alguns indivíduos menos admiráveis também foram canhotos, como o pistoleiro do Velho Oeste Billy, the Kid e Jack, o Estripador.

"O fato de as roupas femininas serem abotoadas pelo 'lado contrário' tem alguma coisa que ver com os canhotos?"

Não exatamente. Na época vitoriana, a mulher era vestida pela empregada, em geral destra, com facilidade para abotoar da direita para a esquerda. Os homens, que se vestiam sozinhos, não precisavam dessa posição invertida dos botões.

O lado esquerdo sempre esteve ligado a superstições de todo tipo, e por isso muitas vezes os canhotos acabaram "pagando o pato". Em latim, *sinister*, termo que originou a palavra sinistro, significa cair em desgraça, ficar à esquerda. Na língua italiana, canhoto é *mancino*, sinônimo de trapaceiro; em espanhol, temos *zurdo*, sendo que *a zurdas* significa errado, o contrário de como se deveria fazer. No francês, o termo *gauche* também significa deselegante, desajeitado. Segundo Buda, por exemplo, o caminho para o nirvana, para a purificação da alma, segue o do lado da mão direita, e o jeito errado de viver segue o da esquerda. No dia do Juízo Final, os danados estarão do lado esquerdo. Na Idade Média, a esquerda era associada aos termos "fêmea", "noturna" e "satânica". E até hoje os esquimós acreditam que os canhotos são feiticeiros poderosos.

Esse simbolismo se amplia para todos os campos. Você já deve ter desejado a vários canhotos que começassem o ano novo com o pé direito. Esqueça essas bobagens e lembre-se de que não existe nenhum povo que utilize somente a mão direita ou a esquerda. A própria Bíblia comprova isso ao falar da tribo de Benjamin: foram escolhidos setecentos homens que "pelejavam igualmente com a mão esquerda e com a mão direita". Como a tribo tinha cerca de trinta mil homens, quase 2,5% eram ambidestros.

Existe uma crença de que o canhoto seja teimoso, mas isso pode ser explicado em parte pela vontade e pelo impulso natural quanto à utilização da mão esquerda, enquanto quase todos o pressionam para que utilize a direita, inclusive os pais e professores. Mas os canhotos também não são fáceis, perdem o amigo mas não perdem a piada, como sempre disse meu professor de química – canhoto, por sinal. Escolheram, para o dia do canhoto, a sugestiva data de 13 de agosto. Melhor, impossível!

Segundo algumas pesquisas, cerca de 8 a 15% da população adulta é canhota, sendo algo mais comum entre homens do que entre mulheres. Ao que parece, existe maior frequência de canhotismo em gêmeos idênticos e em vários grupos de indivíduos com desordens neurológicas (epilepsia, síndrome de Down, autismo etc.). De acordo com as estatísticas, os filhos gêmeos de uma pessoa canhota têm cerca de 76% de chance de nascerem canhotos. A população de canhotos parece aumentar em todo o mundo: no século XIX, existia em menor proporção; contudo, alguns pesquisadores atribuem isso ao fato de as pessoas esconderem o "problema".

Pelas leis da probabilidade, metade dos seres humanos deveria ser canhota. O antropólogo inglês Desmond Morris diz que uma distribuição que apresentasse cem por cento de um lado contra zero de outro seria aceitável; mas isso não acontece.

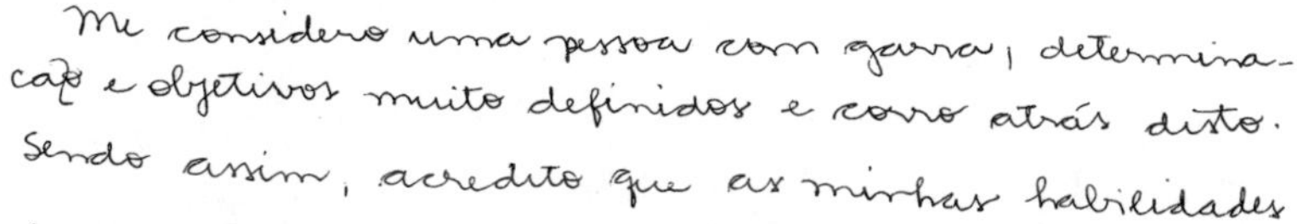

Figura 9.1. Letra de uma engenheira canhota.
É muito difícil distinguir escritas com base na mão que as pessoas utilizam.

Como até hoje não foi encontrada uma explicação científica para o fato, essa divisão continua a ser um dos mistérios secundários da vida humana.

Para finalizar: no que se refere à escrita, não existem grandes diferenças entre a letra dos canhotos e a dos destros, muito embora o especialista em grafotecnia possa descobrir a mão diretora em muitos casos.

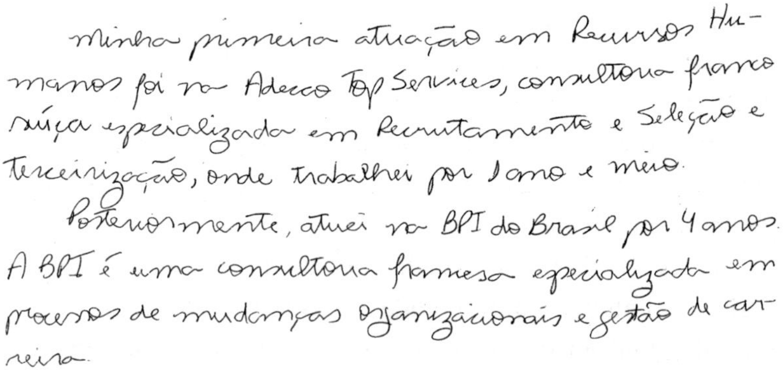

Figura 9.2. Letra de uma psicóloga. A direção das linhas é variável, em mais uma escrita cuja mão diretora é a esquerda.

10

Escrevo com as duas mãos. É normal?

Sim, é normal. Sem exagero, eu poderia dizer que é normalíssimo. É comum as pessoas acharem que quem escreve com as duas mãos é mais inteligente, tem habilidades especiais, algum defeito genético ou lesão cerebral – nada mais errado, como veremos a seguir.

A capacidade de utilizar as mãos esquerda e direita com igual habilidade recebe o nome de ambidestria. Muitas vezes a pessoa usa as duas mãos apesar de uma delas ser mais hábil. Essa característica pode se estender também aos pés. A palavra ambidestro é originária do latim: *ambi* significa ambos, e *dexter*, direito.

A história da humanidade é repleta de personagens ambidestros. Mozart era capaz de escrever, na partitura, a melodia com a mão esquerda e a harmonia correspondente com a direita. Conta-se que, brincando, falava fluentemente de trás para a frente, invertendo todas as palavras. Leonardo da Vinci escrevia com as duas mãos e invertia a escrita (a chamada escrita especular). Musashi, lendário samurai, prescrevia que os seus guerreiros fossem totalmente ambidestros, ou seja, usassem as armas com as duas mãos e com a mesma destreza.

É fácil observar em determinados esportes as vantagens que o ambidestrismo traz ao seu portador. Pelé era exímio em usar os dois pés; os adversários eram sempre surpreendidos por sua habilidade de sair jogando tanto para a direta como para a esquerda, com a mesma eficiência.

O ambidestrismo é perfeitamente normal nos primeiros meses de vida da criança, que tem habilidade com as duas mãos. Na escola, muitas crianças escrevem com as duas mãos com o intuito de mostrar uma habilidade especial, e isso pode se prolongar por toda a vida; nesse caso, pode não ser uma habilidade inata, mas obtida por meio de treinamento. Qualquer pessoa, em regra, é capaz de, com certo treino, escrever com as duas mãos. Não raro, adolescentes escrevem com as duas mãos ao mesmo tempo.

Também pode ocorrer o ambidestrismo no caso de indivíduos que nascem canhotos e são forçados, pelos pais, professores e irmãos, a escrever ou executar atividades com a mão direita. Conheço pessoas que, embora isso ocorresse, quando sozinhas usavam a mão esquerda. Trata-se de uma violência contra a criança e deve ser evitada de todo modo. Estamos falando do ambidestro que adquiriu essa habilidade por treinamento, pois a ambidestria nata é bastante rara. Nem sempre é possível determinar a origem do ambidestrismo.

Outro dado que deve ser levado em conta é que muitas pessoas ambidestras executam tarefas específicas apenas com uma das mãos. Minha tia Laura escrevia com a esquerda e cozinhava muito bem utilizando a direita. Nos tempos de juventude, dependendo do namorado, apresentava-se como destra ou canhota. Observamos que cada ambidestro tem um grau de versatilidade, sendo que alguns usam sempre a mesma mão, descartando o uso da outra.

O ambidestrismo pode causar, principalmente para a criança, vários problemas, pois é necessário que ela organize sua psicomotricidade e para isso em geral ela se baseia no comportamento da maioria das pessoas – o que gera certa dificul-

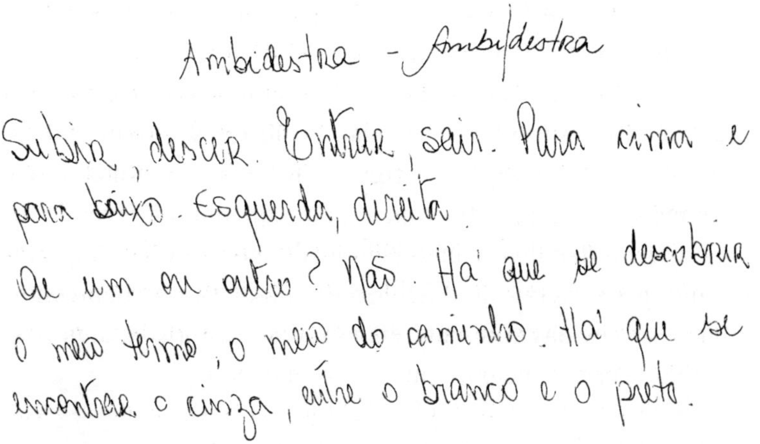

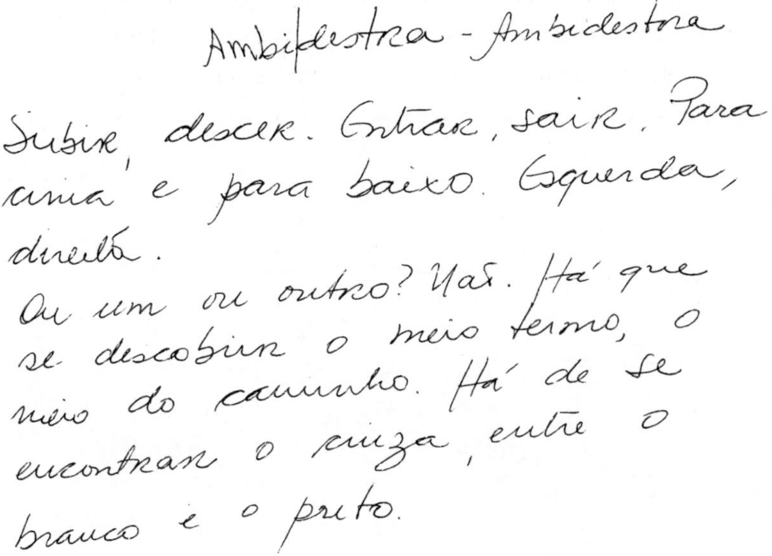

Ambidestra – Ambidestra

Subir, descer. Entrar, sair. Para cima e para baixo. Esquerda, direita.

Ou um ou outro? Não. Há que se descobrir o meio termo, o meio do caminho. Há que se encontrar o cinza, entre o branco e o preto.

Ambidestra – Ambidestra

Subir, descer. Entrar, sair. Para cima e para baixo. Esquerda, direita.

Ou um ou outro? Não. Há que se descobrir o meio termo, o meio do caminho. Há de se encontrar o cinza, entre o branco e o preto.

Figuras 10.1 e 10.2. Escrita de mulher ambidestra. A facilidade de escrever é maior no segundo exemplo de escrita, com a mão direita; contudo, escreve normalmente com a mão esquerda.

dade, já que pode ficar confusa. Ela deve ser orientada e informada de que isso é normal.

Portanto, é comum a pessoa escrever com as duas mãos, ou usar a escrita especular (invertida). E são raras, porém existem, as pessoas que conseguem escrever um texto com a mão direita e, ao mesmo tempo, outro com a mão esquerda. Escrever de trás para a frente também é uma habilidade que pode ser adquirida, em que pese o grau de dificuldade. Então, não se impressione quando as pessoas apresentarem esse tipo habilidade; algumas a desenvolvem por meio de intenso treinamento.

11

Símbolos da escrita

O inconsciente se exprime por meio de símbolos. A escrita é um gesto gráfico fixado no papel que traduz de forma simbólica a personalidade do autor. O texto colocado no papel é ao mesmo tempo o símbolo da manifestação de si mesmo e um caminho que conduz ao outro. As formas da escrita indicam uma escolha, um elemento de representação social da pessoa, o qual se mostra de forma inconsciente para causar uma impressão no outro, que lê sua escrita.

A escrita é um meio de comunicação por formas, ordenadas e preparadas segundo leis que se vão modificando com o tempo; e as variações são poucas na trajetória de nosso desenvolvimento emocional. Criamos, mudamos, transformamos e nos comunicamos por meio de formas, as já estabelecidas e as que criamos, que são essencialmente nossas.

As teorias por trás dessas interpretações são oriundas de símbolos universais: a curva, a reta etc. Nossos ancestrais percorreram um longo caminho para chegar à escrita atual. A ideia do alfabeto foi surgindo aos poucos. A fase pictórica corresponde ao uso dos desenhos ou pictogramas. Eles não estão associados a um som, mas à imagem daquilo que se quer representar. São representações simplificadas dos objetos; os bisões são um exemplo. O homem das cavernas se expressava por meio de desenhos rupestres, como os das cavernas de Lascaux e Chauvet-Pont-d'Arc, na França. Mas os desenhos não eram suficientes.

Na fase ideográfica, a comunicação se fazia por ideogramas, símbolos gráficos que representam uma ideia, como os sinais de trânsito nas grandes cidades. As escritas ideográficas mais importantes são a egípcia, a suméria e a chinesa, que deu origem à escrita japonesa.

Os hieróglifos egípcios foram indecifráveis durante milhares de anos; hoje, alguns especialistas os leem com facilidade. Fazendo uma comparação grosseira, há trinta anos poucas pessoas seriam capazes de ler os "hieróglifos" computacionais atuais.

A sílaba foi um dos pontos de partida da escrita suméria. Foi um ganho sem precedentes, pois o homem passou a mencionar o sentido e as situações, e não somente os objetos.

A fase alfabética se caracteriza pelo uso das letras; embora tenham se originado dos ideogramas, elas perderam o valor ideográfico e passaram a ter nova função na escrita: a representação essencialmente fonográfica.

Atualmente, quase todas as línguas têm alfabeto, mas a maneira de escrever varia de acordo com a tradição dos povos. Os ocidentais escrevem da esquerda para a direita e de cima para baixo. Os chineses e os japoneses escrevem da direita para a esquerda e em colunas, na vertical. Alguns especialistas dizem que fazem isso porque se consideram simbolicamente filhos do céu. Já os árabes escrevem da direita para a esquerda e de cima para baixo. São elos com o passado. A escrita árabe chega a ser considerada uma arte, devido à beleza e riqueza de contrastes.

Podemos então afirmar que muitos símbolos sempre estiveram presentes em nossa escrita, e assim permanecem até os dias de hoje. Os símbolos de que vamos falar neste capítulo são aqueles que as pessoas inserem de forma inconsciente em sua escrita.

"Como assim?"

Como o processo de escrever é inconsciente, as pessoas fazem que seus grafismos apresentem os mais diversos desenhos. É muito comum aparecerem elementos ligados a profissões, *hobbies* etc. Assassinos desenham armas, facas, objetos pontiagudos. Aparecem na escrita de pilotos de corrida volantes, rodas, carros. A lista é extensa, mas não podemos deixar de citar os atletas de esportes com bola: ela dá o ar de sua graça de várias maneiras.

Meu dentista iniciava as receitas com um dente e nem percebia isso. Por quê? Como foi dito, a pessoa escreve de modo inconsciente e isso aparece com intensidade. Não existem estudos que comprovem de modo exato por que isso ocorre, mas o certo é que esses sinais aparecem. No início do século XX, Rafael Schermann, agente de seguros, assombrava as pessoas ao descrever personalidades com base nos símbolos que elas colocavam na escrita. Até os dias de hoje, sua habilidade impressiona.

Os exemplos de escrita que demonstram o que digo são muito comuns. Tenho em meu arquivo mais de cinco mil exemplos, mas espero que estes poucos possam satisfazer sua curiosidade.

Figura 11.1. A bola na assinatura de Pelé é um exemplo de símbolo.

Esou Pelé.

Figura 11.2. Após parar de jogar, a bola na assinatura de Pelé "deixou de ser redonda". Contudo, ao escrever Edson, lê-se claramente "Eu sou Pelé". Trata-se de um processo inconsciente no qual a pessoa pensa uma coisa e escreve outra, um ato falho.

Figura 11.3a. Assinatura de Adriane Galisteu em 1995. O número 94 (ano da morte de Ayrton Senna) é facilmente observado na parte inferior da escrita.

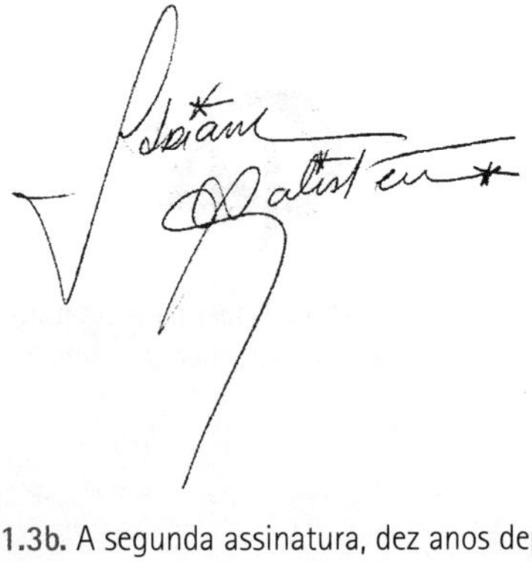

Figura 11.3b. A segunda assinatura, dez anos depois. A energia dos traços se ampliam, revigoram-se; o traçado é mais solto. Notam-se vitalidade, vontade e renovação. O número 94 desapareceu por completo.

12

Letras femininas e masculinas

A principal pergunta feita a mim quando ministro palestras é a seguinte: "É possível saber o sexo da pessoa por meio da escrita? Ou pela maneira como escreve?"

Por volta de 1905, Alfred Binet fez diversos estudos com vários especialistas, entre eles Crépieux-Jamin. Um de seus objetivos era determinar o sexo da pessoa pela escrita, sendo que o índice de acerto foi de mais de 78%, excepcional em termos estatísticos. A conclusão foi que existem alguns traços que podem indicar se a escrita é masculina ou feminina.

Na prática, os especialistas não consideram isso algo de suma importância no estudo das características psicológicas. Atualmente, com a busca de igualdade entre os sexos, as diferenças entre as escritas diminuíram um pouco; entretanto, persistem e devem continuar existindo por um longo tempo.

Para os estudiosos do tema, é muito mais interessante o conceito que surgiu anos após a referida pesquisa. Criado pelo médico alemão Carl Gustav Jung, fala de *anima* (alma feminina) e *animus* (alma masculina). Trata-se da estrutura inconsciente que representa a parte sexual oposta que existe em todos nós, ou seja, *anima* no homem e *animus* na mulher. Assim, todo homem carrega dentro de si a eterna imagem da mulher, não uma imagem específica ou especial, mas a imagem feminina definitiva. O inverso ocorre com a mulher.

O termo *anima* vem do latim, alma; representa o lado inconsciente feminino da personalidade do homem. A palavra *animus* significa mente, espírito, e indica o lado inconsciente masculino da personalidade da mulher. Não existe aqui nenhuma conotação homossexual, ao contrário. A *anima* e o *animus* têm papel essencial nas relações amorosas entre as pessoas de sexo distinto, pois eles são projetados no sexo oposto.

É fácil observar que em algumas escritas masculinas aparecem determinados traços femininos. O contrário é perfeitamente válido. A escrita dos homens que têm *anima* forte apresentam os seguintes traços: pressão fraca, ligação formando guirlandas, letra redonda, curvas, espirais, laços etc. No caso das mulheres com *animus* acentuado, a escrita tende a apresentar grande quantidade de ângulos, traços horizontais, pressão forte, triângulos, direção ascendente das linhas, sendo vertical, sóbria, rápida.

"Então é possível observar na escrita sinais de homossexualismo?"

Esse é um ponto muito polêmico e difícil de explicar em poucas linhas, ou até mesmo em um livro inteiro. Em princípio, isso também não deve ter grande importância, porque a orientação sexual é privativa e a pessoa deve ter sua liberdade de escolha respeitada por todos.

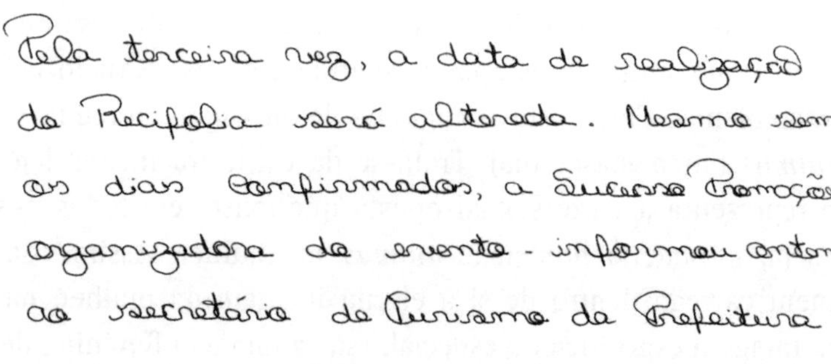

Figura 12.1. Escrita masculina. Neste caso, as curvas predominam.

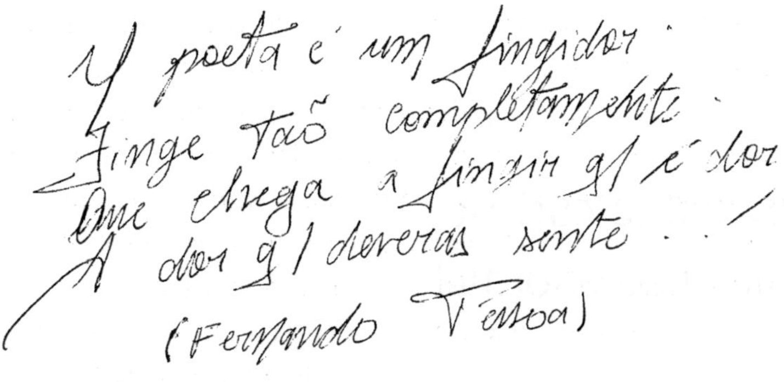

> O poeta é um fingidor
> Finge tão completamente
> Que chega a fingir q/ é dor
> A dor q/ deveras sente...
> (Fernando Pessoa)

Figura 12.2. Escrita feminina. Repleta de ângulos. Normalmente, a constituição somática da mulher a leva a realizar curvas. As mãos femininas são altamente especializadas em motricidade fina, com requintada capacidade de trabalhar com objetos pequenos. A letra das meninas tende a se estabilizar antes da dos meninos. Aqui se observa a letra de uma especialista em artes marciais.

13

Bastante curioso, mas não anormal

> *O silêncio é mais eloquente que as palavras.*
> THOMAS CARLYLE

Muitas vezes deparamos com algumas curiosidades sobre a escrita; por mais estranhas que elas possam parecer, principalmente aos leigos, devem ser consideradas normais. A primeira delas é a habilidade de escrever com as duas mãos ao mesmo tempo; existem várias pessoas que escrevem com as duas mãos, porém são mais raras as pessoas que escrevem com a mão direita e a esquerda de forma simultânea. Já encontrei diversos casos e não existe nada de anormal neles, pelo menos aparentemente.

Em Curitiba, encontrei uma garota de 17 anos que escrevia duas frases iguais ao mesmo tempo e em vários planos: uma em cima da outra, uma em cada folha, inclusive com as mãos cruzadas. Já encontrei pessoas que escrevem alternando as mãos a cada palavra: a mão esquerda escreve uma e a direita a próxima. Na maioria dos casos, não foi feita uma investigação mais apurada sobre a pessoa.

Mais difícil de ser encontrada é uma pessoa que escreva textos diferentes com as duas mãos, ao mesmo tempo. Nesse caso, o esforço cerebral é considerável. Também já entrevistei pessoas que escrevem o texto de ponta-cabeça, deixando-o de frente para quem está observando. Isso é mais fácil; fiz algumas tentativas e consegui razoável sucesso, mas não é prático.

Pessoas que escrevem ao mesmo tempo com as duas mãos e de forma especular são relativamente fáceis de encontrar. Existem pessoas que escrevem letras tão pequenas que fizeram disso fonte de rendimentos, pois colocam o nome completo de alguém em um grão de arroz.

Mas, como visto, nem todos os povos escrevem como os ocidentais, da esquerda para a direita. Para os povos de escrita árabe, a primeira página de um livro seria para nós a última. A escrita chinesa é realmente espantosa e maravilhosa. Os ideogramas criados para traduzir ideias abstratas foram desenvolvidos com base naqueles que representavam objetos concretos, com correspondência sonora. Há quase cinco mil ideogramas; para que se possa ler uma revista em mandarim, é necessário conhecer entre dois e três mil. A escrita ideográfica japonesa (*kanji*) é oriunda da China. A palavra significa "letra chinesa", ou, num sentido mais amplo, "escrito chinês". Uma curiosidade é que, embora tradicionalmente os orientais escrevam no sentido vertical, de cima para baixo e da direita para a esquerda, nos dias atuais o mais comum no Japão é escrever na horizontal, da esquerda para a direita e de cima para baixo.

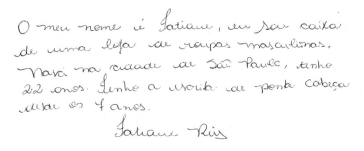

Figura 13.1. Escrita executada de ponta-cabeça: ao escrever, o papel é colocado ao contrário. Trata-se de uma habilidade normal.

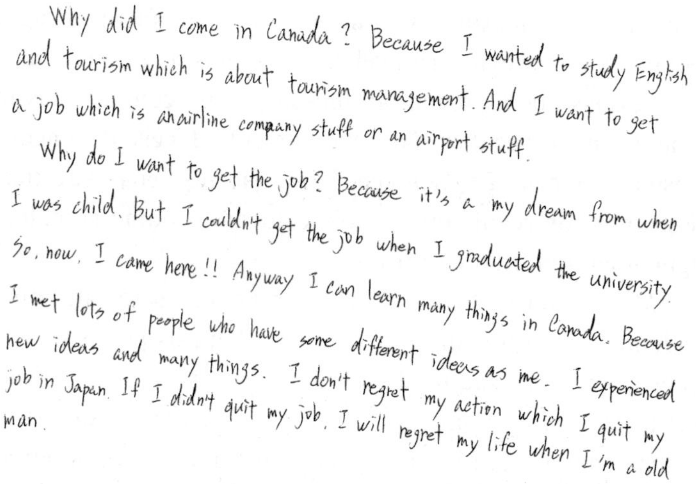

Why did I come in Canada? Because I wanted to study English and tourism which is about tourism management. And I want to get a job which is an airline company stuff or an airport stuff.

Why do I want to get the job? Because it's a my dream from when I was child. But I couldn't get the job when I graduated the university. So, now, I came here!! Anyway I can learn many things in Canada. Because I met lots of people who have some different ideas as me. I experienced new ideas and many things. I don't regret my action which I quit my job in Japan. If I didn't quit my job, I will regret my life when I'm a old man.

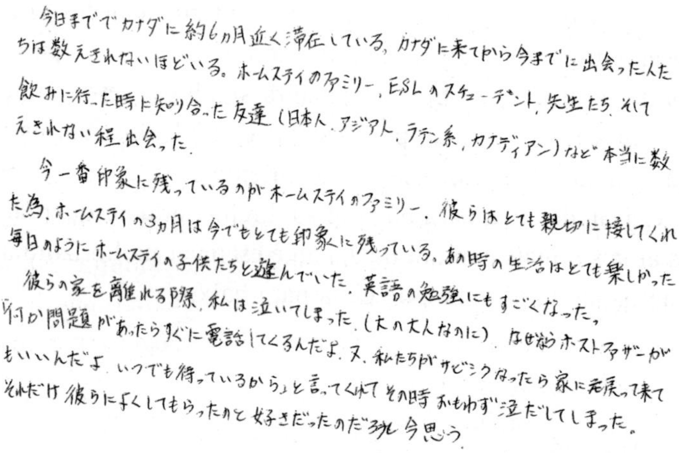

今日まででカナダに約6ヵ月近く滞在している。カナダに来てから今までに出会った人たちは数えきれないほどいる。ホームステイのファミリー、ESLのスチューデント、先生たち。それで飲みに行った時に知り合った友達（日本人、アジアン、ラテン系、カナディアン）など本当に数えきれない程出会った。

今一番印象に残っているのがホームステイのファミリー。彼らはとても親切に接してくれた為、ホームステイの3ヵ月は今でもとても印象に残っている。あの時の生活はとても楽しかった。毎日のようにホームステイの子供たちと遊んでいた。英語の勉強にもすごくなった。彼らの家を離れる際、私は泣いてしまった。（大の大人なのに）なぜかホストファザーが何か問題があったらすぐに電話してくるんだよ。又、私たちがホームシックになったら家に戻って来てもいいんだよ。いつでも待っているからと言ってくれて、その時おもわず泣だしてしまった。それだけ彼らに良くしてもらったかと好きだったのだろうと今思う。

Figuras 13.2 e 13.3. Escrita de um estudante chinês no Canadá. Escrevendo em inglês ou mandarim, a direção das linhas e o tamanho da escrita são os mesmos. A similaridade do gesto gráfico nos dois casos é facilmente percebida até pelo leigo.

14

Existem doenças da escrita?

Pronto! Chegamos a um assunto por demais complexo no que diz respeito à escrita, sobre o qual existem inúmeros estudos. Até mesmo o leigo é capaz de perceber alterações na escrita de pessoas que estão doentes. Mais ainda: variações na própria escrita quando se encontra enfermo. O certo é que, qualquer que seja a doença, ela afeta a grafia, já que o traçado gráfico é oriundo do cérebro.

Os primeiros estudos relacionando doenças com determinados tipos de escrita surgiram no final do século XIX, na França e na Alemanha. Muitos dos pesquisadores eram renomados médicos da época. Até o ano de 1897, todos pensavam que escrevíamos com a mão; contudo, como vimos, o doutor Wilhelm Preyer demonstrou que a escrita é um ato cerebral, não importando o instrumento ou parte do corpo utilizados para escrever.

Depois disso, dezenas de outros especialistas analisaram a relação entre a escrita e diversas doenças. Na mesma Alemanha, o doutor Rudolph Pophal, neurologista da Universidade de Hamburgo, estudou as correlações neurológicas entre a escrita e o cérebro. Na França, em 1888, o doutor Paul-Max Simon publicou um livro chamado *Les écrits et les dessins des aliénés* (Paris: G. Steinheil); em 1889, o doutor Amédée Mathieu publicou *Essai sur les indications séméiologiques qu'on peut tirer de forme des écrits des épileptiques* (Lyon/Paris: Storck/Steinheil); e o doutor

Pierre Boucard, *La graphologie et la médecine* (Paris: Librairie Médicale et Scientifique Jules Rousset, 1905). No entanto, até hoje existem contestações sobre alguns desses trabalhos.

"Naquela época, alguém realizou algum trabalho parecido no Brasil?"

Sim, e muito bom, bom mesmo! A grafologia iniciou-se no Brasil no ano de 1900, com o livro *A graphologia em medicina-legal* (Salvador: Typ. e Encadernação Empreza), do doutor José Aguiar Costa Pinto, cuja tese foi aprovada com distinção pela Faculdade de Medicina e Farmácia da Bahia. Para os interessados, a Biblioteca Nacional, no Rio de Janeiro, possui um exemplar do livro. Nele, o autor, que estudou na Europa e manteve contato com diversos especialistas, demonstrou que o Brasil estava quase no mesmo nível dos europeus.

Os primórdios da grafologia estão relacionados com filósofos da Antiguidade, ainda que o primeiro livro sobre o tema tenha sido escrito em 1622; o autor foi o médico italiano Camillo Baldo (1555-1635), professor da Universidade de Bolonha. Porém, as bases e os princípios da grafologia foram estabelecidos no século XIX. O termo foi usado no *Reynolds Weekly Newspaper* em 22 de dezembro de 1850. O periódico anunciou que *miss* Emily Dean, *graphiologist*, praticava *graphiology* na *48, Liverpool Street, Argyle Square, London*. Os franceses tomaram a dianteira quanto aos estudos do tema com Jean-Hippolyte Michon (1806-1881) e Jules Crépieux-Jamin (1858-1940), este último considerado o verdadeiro pai da grafologia moderna. Os alemães os seguiram com Ludwig Klages (1872-1956); os suíços, com Max Pulver (1889-1952).

Hoje em dia, os estudos sobre grafologia continuam, mas mesmo os mais entusiasmados defensores desse tipo de pesquisa alertam o leigo para que não tente encontrar sinais de doença na própria escrita. Além de ser muito difícil, não se pode chegar a nenhum tipo de conclusão ou diagnóstico com apenas um instrumento, ainda mais quando se trata de algo que necessita de mais estudos e comprovação científica.

Nas linhas a seguir, vou falar sobre alguns sinais que podem aparecer na escrita de pessoas com algumas doenças. Por favor, não tente se autoavaliar ou fazer comparações entre os diversos tipos de escrita, pois os erros podem ser grandes, incalculáveis até. Cito como exemplo um livro em que o autor dizia que pequenas quebras na base da letra "t" eram indicativas de desejo suicida. A mãe de uma adolescente ficou desesperada quando viu o dito sinal na escrita da filha, mas não percebeu que ele apareceu apenas uma vez e, provavelmente, era fruto de ranhuras na carteira escolar.

Os princípios básicos a serem considerados para observarmos indícios de doenças na escrita são os seguintes:

- A escrita é uma manifestação motriz e, ao mesmo tempo, intelectual: a mão escreve, mas o cérebro comanda.
- O exame da escrita se fixa em duas funções essenciais: motricidade e inteligência. Uma criança de 2 anos não consegue escrever porque ainda não desenvolveu as condições osteomusculares para tal.

Tanto as alterações físicas quanto o estado de espírito influem na execução da escrita. Assim, depressão, delírios, excitação, entre outras manifestações, revelam sintomas que se traduzem no gesto gráfico. Todavia, nem sempre é fácil observar isso, pois doenças mentais vêm acompanhadas das físicas; o alcoolismo provoca sintomas parecidos com os causados por alguns tipos de intoxicação.

No caso dos estados de excitação, a escrita tende a ser movimentada, agitada, o tamanho se torna grande e desigual e as letras iniciais extremamente desproporcionais; as palavras, linhas e letras se misturam. Quando ocorrem estados de depressão, o tamanho da escrita tende a diminuir, a velocidade, idem; a direção das linhas se torna descendente, as últimas letras das palavras caem, as barras da letra "t" ficam fracas ou até mesmo inexistem.

No caso de confusão mental, a perda da direção nas linhas é notória. Existe grande confusão no traçado; a escrita muitas vezes se torna ilegível, com uma série de garranchos. Lê-los é quase impossível.

A dor, quando constante, afeta a escrita de modo especial: os traços que deveriam ser retos ou curvos sofrem inúmeras torções, ou seja, pequenos desvios ao longo de toda a escrita, algumas vezes perceptíveis somente com o uso de uma lupa.

Algumas doenças provocam variações na escrita facilmente observáveis, como ocorre com o mal de Parkinson. Nesse

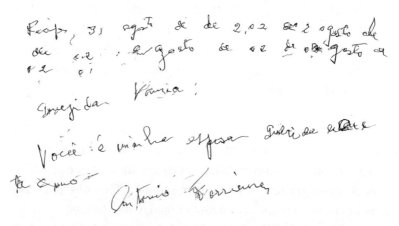

Figura 14.1. Escrita de um homem de 76 anos com mal de Alzheimer. A deterioração gráfica é bastante visível em todo o texto. Muitas vezes a caneta não sai do papel, daí os borrões. A vontade do escritor deve ser destacada: o esforço consciente para manter a escrita legível é intenso.

caso, a escrita pode apresentar torções ao longo de todo o texto, as letras são quebradas em duas ou três partes, as pessoas têm dificuldade para escrever seguindo as linhas. Os tremores se fazem presentes em todo o grafismo.

No caso do mal de Alzheimer, estudos científicos demonstram que a agrafia (impossibilidade de escrever) é precoce. Alguns autores dizem que os sinais podem aparecer na escrita mesmo antes de a doença se manifestar claramente. A dificuldade grafomotora ocorre em todo o grafismo: além das torções, existem omissões de letras ou palavras, simplificações anômalas; em muitos pacientes é comum encontrar a micrografia, ou seja, uma escrita extremamente pequena.

Também se notam claras alterações na escrita devidas ao alcoolismo. O traçado é tremido; as letras, fragmentadas; a pressão sofre inúmeras variações; a escrita é pastosa ou borrada (parece que a caneta solta tinta demais). Os tremores podem ser constantes e, como a pessoa não tem controle, os traços finais das letras são bastante prolongados.

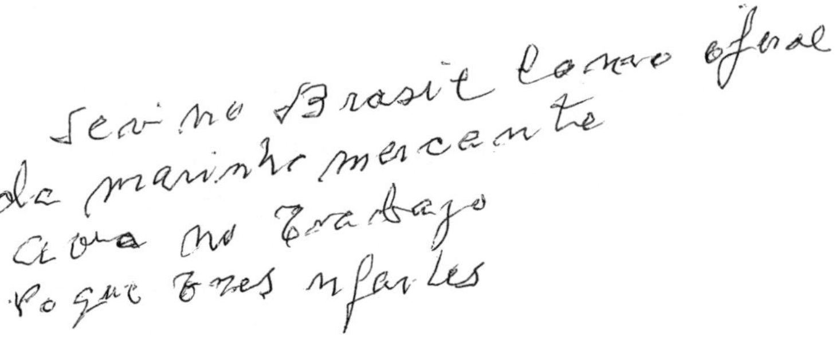

Figura 14.2. Homem de 53 anos que sofreu enfarto agudo do miocárdio.
São visíveis os sinais de deterioração gráfica na escrita.
A letra *m* da palavra "como" é fragmentada. Existem torções, ou seja, mudanças repentinas na direção dos traços (letra *f* da primeira linha).

Para diversos pesquisadores, é certo que muitas doenças modificam a escrita, mas nem sempre podemos relacionar um padrão de escrita com um tipo de doença. São necessárias mais pesquisas científicas para que isso possa ser aprimorado.

Portanto, e mais uma vez, considere este capítulo uma relação de "curiosidades" e não tente fazer nenhum tipo de avaliação. Acredito que você possa imaginar as consequências desse procedimento. Não esqueça que de médico e grafólogo todos temos um pouco, mas não fazemos diagnósticos.

15

Existe uma relação entre tipos de escrita e profissões?

Em minhas palestras ou entrevistas, frequentemente ouço as seguintes questões: "Podemos identificar a profissão das pessoas por meio de sua escrita?"; "Existe uma letra típica de determinada profissão?"

Sem considerarmos a letra de médico, tema a que se dedica um capítulo deste livro, a resposta às duas perguntas é não; porém, com centenas de ressalvas, pois a simples negação inicial esconde detalhes muito mais complexos do que se possa imaginar à primeira vista.

O início do aprendizado da escrita se faz segundo um modelo escolar predeterminado, por um movimento imitador, voluntário e consciente: praticamente copiamos o modelo ensinado pelos professores. Com o tempo, depois de muito treinamento, passamos a ter habilidade gráfica, talento especial para traçar as letras no papel (quanto maiores as letras, maior a facilidade para escrever). Essa habilidade é diferente de outras, até mesmo da de desenhar. Algumas pessoas aplicam sua individualidade à escrita, outras se apegam ao modelo escolar e não saem dele, outras ainda são influenciadas por terceiros.

Certas pessoas possuem o dom gráfico, talento diferente do anterior, que diz respeito à facilidade de criar novas formas gráficas: a pessoa "inventa" novas letras e traços. Uma pessoa pode ter só o primeiro talento, só o segundo, os dois ou nenhum.

Em cada profissão existem determinadas características e comportamentos peculiares e alguns deles podem - podem, repito - ser expressos nos grafismos. Porém, decididamente, não podemos descobrir a profissão da pessoa pela escrita, a não ser, claro, que ela comece escrevendo: sou engenheiro, advogado etc. A avaliação dos traços não se faz somente pela forma da escrita, mas segundo aquelas 175 características anteriormente citadas: pressão, tamanho, velocidade... Você se lembra?

Para os arquitetos, a escrita tem de representar uma verdadeira construção; mais do que isso, tem de mostrar estilo, individualidade; tem de transmitir que seu autor é arquiteto. Por isso existem traços comuns entre esses profissionais. Mas não há como afirmar com certeza que o indivíduo em questão é arquiteto. Brincando, consigo altos índices de acerto, mas nada que possa ser levado realmente a sério.

Nos inúmeros exemplares de escrita de militares que analisei, existem vários traços idênticos; o mais comum é a pressão profunda: você passa a mão por trás do papel e sente as marcas da caneta. Os grafólogos interpretam isso como sinal de firmeza, determinação e segurança nas decisões, força realizadora, dinamismo psíquico e físico. Existe, nesses casos, um prazer físico em vencer a resistência do papel, assim como existe o prazer de ver sua vontade triunfar em todos os campos em que atua - lembre-se de que você não precisa ser militar para ter esse tipo de letra e as características psicológicas descritas.

A escrita de policiais também chama bastante a atenção. Em nosso estudo de cerca de 650 assinaturas, foi observada, além das intensas variações de pressão, a ilegibilidade da assinatura, que ocorreu em quase 80% dos grafismos. Alguns me disseram que assinavam assim para não ser identificados pelos bandidos.

Os jornalistas têm em comum a escrita rápida, que ocorre quando são traçadas entre 140 e 200 letras por minuto; em alguns casos, a escrita ultrapassa essa velocidade e se torna precipitada, quase ilegível. Expressa atividade, capacidade de solucionar problemas em pleno movimento, adaptação prática às circunstâncias; imaginação e reflexo ágeis, rápidos; coordenação; por vezes, pouca atenção às particularidades, porque elas têm uma importância muito relativa: eles se preocupam em captar o essencial.

Entre os professores existe o que se chama distorção profissional. Os traços mais comuns são: letras fortemente caligráficas, bastante legíveis, linhas retas, limpeza constante, inexistência de borrões e rabiscos. Isso expressa vontade de ser compreendido, de passar a informação da forma mais exata possível.

Outra profissão que apresenta traçados comuns é a dos vendedores. A escrita é grande, rápida, a direção das linhas é ascendente e a letra é inclinada para a direita. A assinatura pode

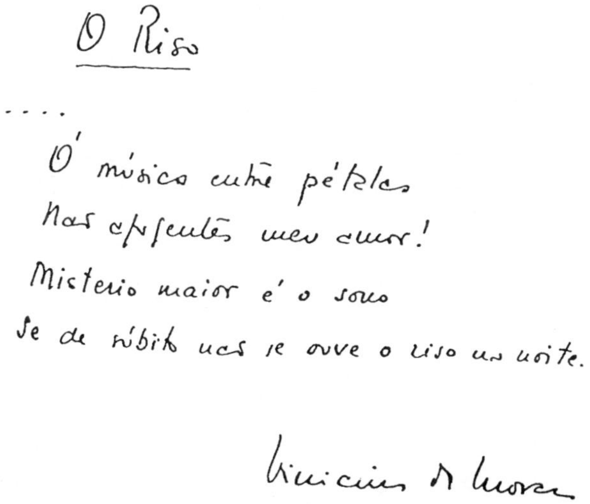

Figura 15.1. Notas musicais (letra "d" na assinatura) ocorrem com frequência na escrita de compositores. Todavia, não se pode dizer que isso seja comum a todos eles.

ter floreios. Indica necessidade de contatos, audácia, mobilidade, atividade, dinamismo, sociabilidade, certa dramatização dos fatos, e assim por diante.

No caso dos juízes de direito, não há um padrão tão claramente identificável. Contudo, a letra da assinatura tende a ser grande, maior que a do texto, e com traços ascendentes e angulosos. Indica decisão, energia, princípios morais e éticos bem definidos, iniciativa, liderança, capacidade de comunicação, integridade, flexibilidade de raciocínio, fluência verbal.

Seria possível estender a lista e escrever vários livros sobre os diversos tipos de escrita. Falarei mais adiante a respeito da escrita dos esportistas e dos artistas.

Para encerrar, e somente como curiosidade, vale mencionar que a assinatura de políticos em geral é inflada, ilegível, apresentando traços confusos. Mas nesse caso você não precisa ser perito para tirar conclusões precisas sobre os porquês!

16

Minha escrita será analisada no processo seletivo

Uma pergunta muito frequente em minhas palestras é a seguinte: "Durante o processo seletivo me foi solicitada uma carta com cerca de vinte linhas em papel sem pauta. Será que pensam que não sei escrever?"

No Brasil, o grande salto na área da grafologia ocorreu na década de 1950, quando inúmeras indústrias farmacêuticas chegaram ao país e passaram a fazer contratações utilizando a grafologia como instrumento de análise, a qual era, entretanto, realizada na Europa.

Atualmente, muitas empresas em todo o país e no mundo utilizam a grafologia em seus processos de recrutamento e seleção de pessoal, ou seja, procuram na escrita características da personalidade.

Ao solicitar que o candidato a determinado cargo escreva uma carta com cerca de vinte linhas e a assine, o recrutador provavelmente as submeterá à avaliação grafológica.

"Que características são avaliadas? Posso ser reprovado por isso? É somente a escrita e nada mais?"

Calma. Vamos por partes, como diria Jack, o Estripador.

As grandes empresas dificilmente usam apenas um instrumento para avaliar a capacidade psicológica de seus candidatos; ao contrário, utilizam entrevistas, testes psicológicos específicos, dinâmicas de grupo etc. E também a grafologia, naturalmente.

Na análise do perfil grafológico, dezenas de características são observadas, mas não se preocupe: poucas empresas reprovam os candidatos com base somente na grafologia. O que se deseja é saber se as qualidades do pretendente estão ou não de acordo com o cargo pretendido. As características requeridas de um almoxarife são diferentes das de um publicitário. A pessoa extremamente ativa e que gosta de movimento pode não se dar bem em atividades em que as rotinas sejam intensas.

Em resumo: o que se deseja é colocar a pessoa certa no lugar certo, de modo que ela possa ter um rendimento adequado. Mais ainda: sentir-se bem na função para a qual foi contratada. Algumas das características observadas são: inteligência, vontade, liderança, versatilidade, diplomacia, tato, prudência, decisão, clareza ao expor as ideias, agressividade, flexibilidade, desconfiança, ambição, energia, orgulho.

"Ótimo! Gostei deste capítulo. Agora, como devo escrever para ser aprovado em todos os processos seletivos de que eu venha a participar?"

Não é bem assim. A empresa que utiliza esse método deseja determinar o potencial da pessoa em relação ao cargo. O que se deseja não é uma investigação completa de sua personalidade. A principal dica é: escreva como está acostumado a escrever, assim você se mostrará como realmente é – todavia, um pouco de capricho é sempre bom! Ademais, a mentira tem pernas curtas; se você conseguir, em um processo seletivo, fingir ser alguém diferente, provavelmente encontrará dificuldades quando começar a atuar na empresa, pois em geral as pessoas esperam aquilo que foi mostrado na seleção.

17

A síndrome do escrivão

"Escrivão é coisa do passado. Isso nem existe mais."
Muitos dizem isso, mas estão errados. Só quem a tem sabe o que realmente é a síndrome do escrivão. Algumas pessoas acham impossível sua existência, pois vivemos na era do computador, e essa profissão está praticamente em extinção. Será?

A câimbra do escrivão acontece quando um dos membros superiores sofre uma série de espasmos musculares ao realizar movimentos específicos, como escrever, digitar ou até mesmo tocar instrumentos musicais. Os movimentos são chamados distônicos ou câimbras ocupacionais. Existem vários tipos, sendo que a câimbra do escrivão é o mais conhecido. Normalmente, ela se faz presente durante o ato de escrever, ou seja, somente o braço que é utilizado sofre os espasmos. Não é comum que isso ocorra, mas, quando as pessoas fazem gestos similares aos da escrita, podem apresentar o mesmo sintoma.

O termo distonia é utilizado para descrever o grupo de doenças caracterizadas por espasmos musculares involuntários que decorrem de movimentos e posturas anormais. Essas manifestações podem ocorrer em qualquer parte do corpo – nas mãos (distonia focal), nos braços (distonia segmentar), somente em um lado do corpo (hemidistonia) – ou mesmo em todo o corpo (distonia generalizada).

O diagnóstico nem sempre é fácil, e, até que se chegasse à definição completa do quadro clínico, foram necessárias dezenas de anos. No ano de 1830, *Sir* Charles Bell escreveu que a distonia se diferenciava da LER (lesão por esforços repetitivos) apenas pela alta incidência de espasmos na mão. Em 1851, com a instituição da profissão de telegrafista, esses trabalhadores passaram a se queixar de sintomas parecidos com os da síndrome do escrivão. No ano de 1888, a síndrome foi descrita como neurose ocupacional por William Gowers. Dizia ele que as pessoas com a síndrome do escrivão tinham temperamento claramente nervoso, irritável e sensível, mal toleravam o excesso de trabalho e a ansiedade.

Atualmente, no Brasil, o Ministério da Previdência Social define a câimbra do escrivão como uma doença neurológica, do grupo das distonias, que se manifesta por meio de fortes contrações nos dedos e nas mãos que escrevem, levando à interrupção da atividade. Não é uma doença ocupacional, visto que o ato de escrever em excesso não pode ser considerado causa da doença nem fator de seu agravamento.

Uma das principais características da doença é a dor intensa que os pacientes sentem. Ao serem questionados, eles não conseguem precisar a data ou época em que ela começou. Em geral, a dor é branda no início e, com o tempo, tende a se intensificar e ser mais prolongada, sendo que há certo alívio à noite. Depois disso, os períodos de dor se ampliam, fazendo que a doença, em alguns casos, seja caracterizada como crônica.

A Unicamp realiza um exame vestibular especial para os candidatos que sofrem desse mal. Psicólogos e fisioterapeutas são designados para prestar assistência, assim como são providenciadas cadeiras especiais, computadores etc.

Como se pode notar, a câimbra do escrivão causa prejuízos enormes à sociedade e principalmente ao seu portador. Há aumento dos custos indiretos devido aos dias parados, absentismo (falta de assiduidade ao trabalho), afastamentos curtos ou prolongados, interrupções do trabalho para idas ao fisioterapeuta, entre outros fatores. Algumas das consequências mais comuns para os funcionários são: incapacidade parcial temporária ou permanente, despesas com medicamentos, demissão, ansiedade, insônia, depressão. O estado emocional e físico do paciente fica claramente afetado.

Quanto mais cedo o médico ou o fisioterapeuta for procurado, melhor. O tratamento médico é feito por meio da administração de remédios (farmacológico), da toxina botulínica e, por fim, dos procedimentos cirúrgicos. O mais importante é que a síndrome seja tratada, pois afeta toda as atividades do doente. Para evitá-la, tome uma série de cuidados relacionados com a postura, os movimentos repetitivos, as longas horas em frente ao computador. As empresas devem incentivar esse tipo de cuidado no período de trabalho, pois, muitas vezes, os funcionários não têm iniciativa para tal.

"Mas o que acontece com a escrita da pessoa que tem a síndrome do escrivão?"

Depende muito da fase em que se encontra. Em alguns casos, o doente nem mesmo consegue escrever; quando está em tratamento, a mudança também é visível. A escrita sofre intensas variações de pressão em todo o traçado, tendendo normalmente a ser fraca, pois fazer força provoca aumento da dor. A grossura do traço também varia, inclusive na mesma letra.

Aparecem inúmeras torções, ou seja, o traço que deveria ser reto ou curvo sofre pequenas mudanças de direção; isso caracteriza dor, sofrimento e ansiedade. As pernas das letras ("g", "p", "f" etc.), assim como as hastes ("h", "b", "t", "f" etc.), tendem a ser pequenas, pois o escritor evita movimentos amplos, que causam dor. Dependendo do estágio em que se encontrar a doença, é normal que apareçam curvas mais intensas em vez de ângulos, pois nesses casos o escritor é obrigado a fazer um esforço menor (executar ângulos exige maior energia e tensão nos músculos). Também é normal que a escrita seja truncada, com letras ou traços divididos em duas ou mais partes.

Repito: o médico deve ser procurado ao primeiro sintoma.

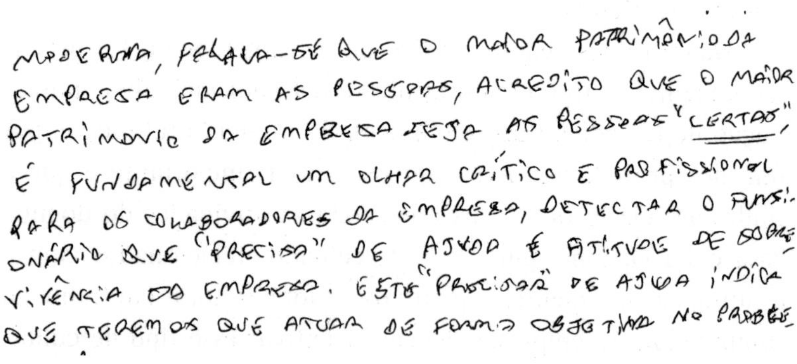

Figura 17.1. Escrita de indivíduo com síndrome do escrivão. Existem dificuldades para escrever. O gesto grafoescritural causa dores nas mãos, braços e ombros; algumas vezes, todo o corpo é afetado.
As letras são imprecisas, torcidas e fragmentadas.

18

Cartas anônimas

"*Anônimo*. [Do gr. *anónymos*, pelo lat. *anonymu*.] *Adj.* 1. Sem o nome ou a assinatura do autor; sem denominação: *carta anônima*. 2. Sem nome ou nomeada; obscuro: *poeta anônimo*. ~ V. *sociedade–a*. *S. m.* 3. Aquele que oculta o seu nome. 4. Indivíduo obscuro, sem nome ou renome."*

Ao depararem com uma carta anônima, os peritos realizam dois tipos de análise: a grafotécnica, para verificar sua autenticidade e comparar seu conteúdo com outras escritas, quando possível, e a grafológica, que procura descobrir as características psicológicas do autor. Ambas têm a finalidade de descobrir o autor da carta. O perito Paulo Sergio Rodrigues diz: "Ao receber uma carta anônima, coloque-a em um envelope; as impressões digitais podem ser o caminho mais fácil para identificar o autor".

As instituições policiais mais avançadas do mundo se utilizam dessas ferramentas para identificar criminosos e desvendar crimes. O FBI (a polícia federal norte-americana), por exemplo, usa esses recursos de maneira corriqueira, muito embora não

---

* Aurélio Buarque de Holanda Ferreira, *Novo Aurélio século XXI: o dicionário da língua portuguesa*. 3. ed. Rio de Janeiro: Nova Fronteira, 1999.

empregue o nome grafologia, sendo que, ao que parece, a análise se centra principalmente no estudo de palavras reflexas, ou seja, os peritos medem o tamanho das palavras, as variações, as frequências, a pressão etc.

Antes de continuarmos, convém lembrar que muitas vezes as cartas anônimas são escritas por pessoas de bem que, por terem medo, resolvem escrever anonimamente para manter sua privacidade. Existem pessoas éticas que o fazem visando ao bem-estar de um grupo e da sociedade. Os motivos podem ser vários: defesa da família, medo de se expor, ameaças, entre outros.

Basicamente, existem dois tipos de manuscritos anônimos: aqueles sem assinatura ou com assinatura falsa, cujo texto reflete espontaneamente a escrita do autor, e aqueles sem assinatura e com uma letra diferente da usualmente apresentada pelo autor, aparecendo muitas vezes na forma tipográfica.

O conteúdo das cartas é sempre levado em consideração: mensagens ofensivas, insultos, ameaças e acusações; denúncias de faltas ou defeitos; mensagens que afirmam que uma pessoa não deve fazer determinada coisa ou se expressar em certas situações.

Essas características devem ser compreendidas segundo uma índole sádica, expressando a finalidade de perturbar, humilhar ou menosprezar o destinatário. O motivo pode também ser a chantagem, com a tentativa de angustiar a vítima de maneira a obrigá-la a ceder aos intentos do autor. Em muitos casos, existe a passionalidade, como na escrita de amantes, namorados, empregados despedidos, entre outros.

São quase infinitos os motivos e os sentimentos que dão origem a uma carta anônima: raiva, angústia, vingança, ódio, brincadeiras de mau gosto, sem contar as causas de origem patológica, que são mais facilmente observadas quando a pessoa escreve sem "falsificar" a própria escrita.

O primeiro motivo de nossa lista são os sentimentos de inferioridade exacerbados. Quem tem sentimento de inferioridade tende a subestimar-se e, ao mesmo tempo, buscar, de forma instintiva, maneiras de compensar o problema, muitas vezes indo além dos limites. Essa compensação pode descambar para o patológico. Com o sentimento de inferioridade coexistem covardia, frustração, timidez, fracassos profissionais etc.

É bom lembrar que um dos objetivos é atingir a vítima. Quanto maior sua reação, maior a satisfação do anônimo. Por isso, convém não responder de maneira direta ao autor: assim não acontece a publicidade que o indivíduo deseja e ele parte em busca de uma nova vítima. (Uma maneira velada de fazer isso é a dos fofoqueiros de televisão, que, muitas vezes, sob o pretexto de preservar as suas fontes, emitem – criam – notícias falsas, cuja origem são eles mesmos.)

Em diversas ocasiões, o autor não se conforma com uma só mensagem e passa a emiti-las de maneira desordenada. Desse modo se torna mais fácil chegar até ele, pois o autor não imagina que possa ser encontrado, especialmente em casos de doença.

Quanto mais inteligente o autor anônimo, melhores podem ser a linguagem, o estilo da escrita, a maneira de atingir o outro. Em muitos casos, torna-se impossível determinar a real motivação da carta anônima, fato que complica a identificação dos autores. Quando descobertos, por mais evidentes que sejam as provas, dificilmente assumem a autoria. Outros aspectos da personalidade de autores de cartas anônimas são: alto grau de imaturidade, desequilíbrio, astúcia.

O ódio e o desejo de vingança costumam levar à formulação de cartas anônimas. Muitos classificam o ódio como o oposto do amor. Racine diz: "Se meu coração não pode amar com arrebatamento, é preciso odiar com fúria". Para os grafólogos, a escrita tombada (bastante inclinada para a direita) é sinal de extroversão, de amor com arrebatamento, mas também pode ser indicativa de ódio.

O ódio tem uma dinâmica própria e se diferencia do desprezo, já que este normalmente se restringe a ignorar a pessoa a quem se destina o sentimento. O ódio está intrinsecamente ligado ao instinto de agressão, e ultrapassa o limite do dano físico; o que se deseja é humilhar, degradar, diminuir, desonrar a vítima.

A vingança é uma necessidade de agredir o outro que surge quando o amor-próprio está ferido ou prejudicado. Relaciona-se com o rancor e o ressentimento que mantêm a pessoa presa a um passado o qual parece querer constantemente recordar ou mudar a seu modo. Nesses casos, as cartas de ameaça fazem, quase sempre, previsões sombrias de infortúnios e desgraças para as vítimas.

Segundo alguns criminalistas, às vezes a pessoa se contenta em descarregar sua agressividade no papel. Você já deve ter visto filmes em que o vilão tem personalidade psicopata e antissocial. Nesse caso, o indivíduo prescinde dos valores éticos e morais. Na realidade, ele pode conhecer muito bem esses valores, mas o que faz é uma tentativa de dar vazão a suas pulsões, seus instintos e necessidades.

"E existe algum padrão na escrita dos autores anônimos?"

Não existem padrões, mas diversas características próprias: traços estranhos, ligações anormais, separações indevidas, novos gestos criados (uma tentativa do anônimo de se esconder), estrutura tipográfica, borrões, rabiscos desnecessários, retoques, posição vertical, escrita invertida, tremores, torções, estreitamento de margens e ritmo, margens anômalas, pontos etc. Tudo deve ser considerado quando o perito procura avaliar a personalidade do autor. Podemos encontrar, ainda, traços relacionados com mentira, inveja, intriga, vaidade, amor-próprio exagerado.

A polícia chega aos autores por meio da análise dessas características e de técnicas que envolvem o estudo de impressões digitais, caixa do correio utilizada, nomes, fatos etc. E principalmente da escrita.

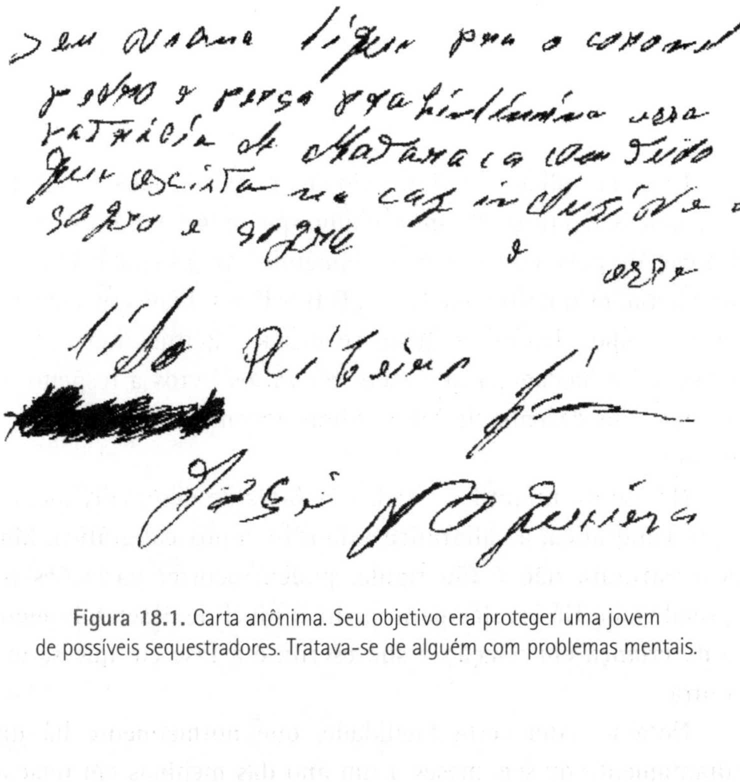

Figura 18.1. Carta anônima. Seu objetivo era proteger uma jovem de possíveis sequestradores. Tratava-se de alguém com problemas mentais.

19

Escritas infantis

Existem milhares de profissionais especializados na escrita de crianças. Trata-se de um trabalho que exige muito esforço e dedicação, pois envolve conhecimentos de psicomotricidade, psicologia, psiquiatria, medicina. O Brasil tem bons especialistas nesse campo, dentre os quais se destaca Bettina Katzenstein Schoenfeldt, pedagoga que escreveu vários livros a respeito da escrita e do desenho infantis, obras reconhecidas em todo o mundo.

Na escrita infantil existem três fases de desenvolvimento: a pré-caligráfica, a caligráfica infantil e a pós-caligráfica. Mas essa estrutura não é tão rígida, podem ocorrer variações no aprendizado. Há escalas para medir o nível de desenvolvimento da criança em relação à sua escrita e à fase em que se encontra.

Nota-se, com certa facilidade, que normalmente há um adiantamento de seis meses a um ano das meninas em relação aos meninos. Assim como é notória a superioridade das meninas no que concerne à linguagem verbal, também o é quanto à linguagem escrita. Para os estudiosos, isso se deve ao desenvolvimento precoce da psicomotricidade nelas.

Sem um desenvolvimento psicomotor adequado, a criança não consegue aprimorar a escrita. Observo isso nos meus sobrinhos gêmeos, entre os quais existem diferenças na motricidade fina. Com 2 anos, o Yuri pegava a caneta corretamente, fazia círculos e falava melhor que o Arthur. Este tinha dificuldade para pegar o lápis e falar, no entanto andou primeiro e é mais agitado. Podemos acompanhar esse desenvolvimento desde a mais tenra idade.

A rabiscografia, ou seja, o estudo dos rabiscos infantis com intenção de escrita, é uma excelente forma de avaliar a inteligência da criança. Diz uma história contada por Mina Becker que uma menina de 3 anos, ao tentar escrever uma carta para a mãe, fazia rabiscos com curvas graciosas, enquanto usava garranchos e ângulos quando era endereçada ao pai.

Quando se avalia a escrita infantil, é preciso levar em conta que o gesto gráfico está em formação – você se lembra da grafogênese? – e que a maturidade gráfica ainda não foi atingida. Os grafólogos dizem que não se podem definir certas características da personalidade, porém podem ser observados com clareza o grau de emotividade, a afetividade da criança, ocorrência de gagueira e miopia, disgrafias etc.

Existem ainda outros estudos a respeito do grafismo infantil, como os que tratam dos casos de crianças que foram obrigadas a escrever com a mão direita quando a mão diretora era a esquerda, o que pode causar alguns traumas e afetar a personalidade da criança – levando, principalmente, a distúrbios de fala. A doutora Marcela Herr realizou importantes estudos com crianças internadas em fundações para menores. Na primeira escrita (dos 7 aos 10 anos), notou-se uma grande rigidez nos traçados e uma tentativa de acompanhar o padrão ensinado; na segunda escrita (dos 10 aos 14 anos), a impressão foi de total anarquia. Observou-se que nenhuma criança internada por mais de dois anos tinha uma escrita com coordenação normal.

Os pais devem acompanhar o desenvolvimento da escrita dos filhos e observar, em especial, os seguintes detalhes:

- As variações são absolutamente normais na infância.
- Não existe letra feia ou bonita; adultos é que estabelecem padrões.
- A criança pode escrever com a mão esquerda ou com a direita, ou com as duas; isso é até certo ponto normal.
- Os erros de ortografia são comuns e isso nada tem que ver com a personalidade infantil.
- Não se deve repreender a criança por simples erros.

É comum que a criança tente copiar a letra dos pais ou professores, mas isso pode causar disgrafia. No caso de dúvida, aconselha-se levar a criança a um médico ou psicólogo, profis-

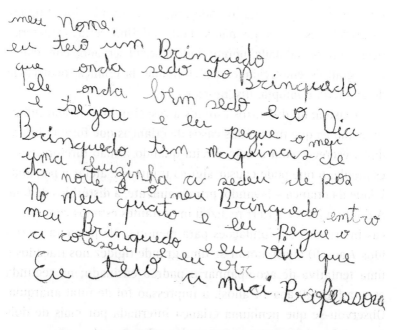

Figura 19.1. Escrita de um menino de 8 anos. Grafia infantil, com erros de ortografia. O traçado apresenta várias letras emendadas e a direção das linhas é descendente.

sionais que podem fazer uma melhor avaliação do desenvolvimento da escrita.

Guarde amostras da escrita de seus filhos ou mesmo da sua; é uma lembrança de um gesto que ficou congelado no tempo, uma mensagem a ser redescoberta no futuro, por outros e por você mesmo.

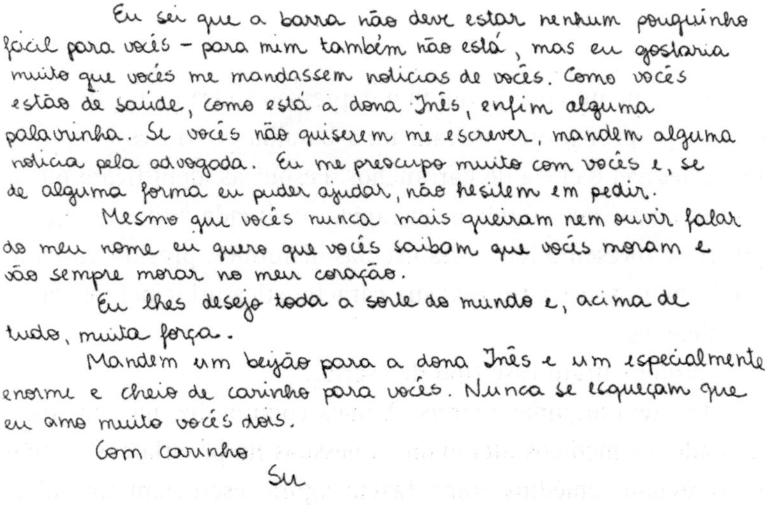

> Eu sei que a barra não deve estar nenhum pouquinho fácil para vocês - para mim também não está, mas eu gostaria muito que vocês me mandassem notícias de vocês. Como vocês estão de saúde, como está a dona Inês, enfim alguma palavrinha. Se vocês não quiserem me escrever, mandem alguma notícia pela advogada. Eu me preocupo muito com vocês e, se de alguma forma eu puder ajudar, não hesitem em pedir.
> Mesmo que vocês nunca mais queiram nem ouvir falar do meu nome eu quero que vocês saibam que vocês moram e vão sempre morar no meu coração.
> Eu lhes desejo toda a sorte do mundo e, acima de tudo, muita força.
> Mandem um beijão para a dona Inês e um especialmente enorme e cheio de carinho para vocês. Nunca se esqueçam que eu amo muito vocês dois.
> Com carinho
> Su

Figura 19.2. Texto escrito por Suzane von Richthofen, acusada de participar do assassinato dos pais. A escrita conserva os traços infantis. Caligráfica, sua velocidade é lenta. É muito comum que traços escriturais de certa idade se apresentem em outras. Pessoas idosas podem apresentar regressão e usar letras infantis.

20

Letra de médico

Certamente você já ouviu a expressão "letra de médico". Na escola, os professores travam uma batalha contra esse tipo de letra, ilegível e cheia de garranchos. Pesquisas identificam que a escrita de médicos tende a ser rápida, inclinada à direita, ligada por fios, apresenta letras maiúsculas disformes, pressão variada, sendo muitas vezes frouxa; sua característica principal: as letras são ilegíveis.

"Como surgiu esse tipo de escrita?"

Existem algumas teorias. A mais comum diz que, na Antiguidade, os médicos atendiam as pessoas na própria casa e não prescreviam remédios como fazem agora; escreviam fórmulas, instruções para misturas químicas e códigos para preparação. O objetivo era, além de preservar o conhecimento, impedir que o paciente pudesse fazer uso do medicamento sem a consulta ao médico.

Mas isso não explica tudo. Existiam médicos que não sabiam escrever; isso mesmo, só estavam familiarizados com a prática. Escrever se tornou algo popular apenas nos últimos séculos, poucas pessoas faziam isso e mesmo os médicos escreviam pouco, até pela falta de papel e material apropriado. Também devemos considerar que os estudantes de medicina tinham de fazer anotações rápidas para registrar o máximo possível durante as aulas, pois não havia acesso fácil aos livros especializados.

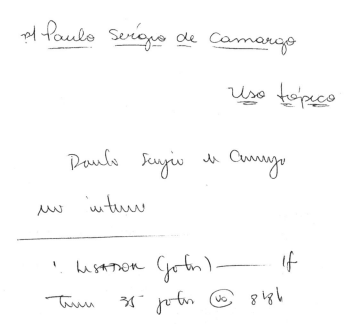

Figuras 20.1 e 20.2. Escritas de médicos.
No segundo caso há menor legibilidade.

A letra de médico não respeita a principal premissa da caligrafia, a legibilidade da informação. Isso seria apenas pitoresco se não fosse causa de muitas mortes de pacientes. Até os dias atuais o problema continua existindo; segundo alguns estudos, cerca de 85% dos idosos não conseguem ler as receitas, nem os nomes dos remédios nem sua exata aplicação.

Conheço médicos que não conseguem entender a própria letra. O assunto é tão sério que virou tese de mestrado do fisioterapeuta Maurício Merino Nunes, do Departamento de Informática em Saúde da Universidade Federal de São Paulo (Unifesp). As conclusões são alarmantes, pois, segundo a pesquisa, nem os médicos conseguem compreender o diagnóstico escrito pelos seus colegas durante um atendimento. Isso decididamente influi na cura do paciente.

O Conselho Federal de Medicina (CFM) não está omisso quanto a esse problema, ao contrário: a Resolução n. 1.601/2000, artigo 39, determina que as receitas médicas sejam escritas por extenso e de forma legível. Na década de 1930 já existia essa preocupação no Brasil (Decreto n. 19.398, de 11 de novembro de 1930). O Código de Ética Médica proíbe o médico de receitar ou atestar de forma secreta ou ilegível. Para resolver o problema, muitos médicos passaram a digitar as receitas no computador, imprimindo-as na sequência; além de garantir a legibilidade, o arquivamento fica mais fácil.

"E o que eu posso fazer para não ter letra de médico?"

Existem exercícios específicos de caligrafia para tal. E sempre vale lembrar: ao receber a receita médica, verifique se ela é legível, tire todas as dúvidas – esse é um direito previsto por lei.

21

Inteligência, criatividade e cultura

"Então é possível determinar – junta ou separadamente – a inteligência, a criatividade e a cultura de alguém com base na escrita?"

Vamos com calma. Determiná-las não é tão fácil assim, pois existem pessoas analfabetas que são cultas. Isso mesmo! Cultura (do latim *cultura*, ação de cuidar, tratar) é um termo com várias acepções. Uma pessoa pode, ao longo da vida, angariar conhecimentos sem necessariamente saber escrever. Conheci uma pessoa que falava oito ou nove línguas e nunca esteve na escola. E contava a história da Europa, que tinha vivenciado, no período entre as duas guerras mundiais.

Voltando à escrita, como vimos, dois conceitos são essenciais: o primeiro é a habilidade gráfica, um talento especial de cada pessoa para traçar as letras no papel, que pode ser ressaltado pela habilidade manual; o segundo é o dom gráfico, um talento totalmente diferente do anterior, que diz respeito à facilidade de criar formas gráficas, de "inventar" letras e traços. Podemos ter só a primeira, só o segundo, os dois e, às vezes, nenhum.

Normalmente, o dom gráfico é característico de pessoas cultas. A cultura transparece na escrita principalmente pelo aspecto da organização do texto na página. Características gráficas que demonstram cultura são: escrita simplificada, formas reduzidas ao essencial e inteligibilidade; traços rápidos e ligeiramente inclinados à direita; pingos da letra "i" colocados à direita ou com exatidão. E mais: facilidade de ligação entre as letras em toda a palavra; letras maiúsculas tipográficas; texto limpo e organizado; margens bem-feitas e, em especial, a letra "E" em estilo grego (Σ).

A inteligência também se manifesta na escrita, sendo que os detalhes não podem ser vistos de maneira isolada quando a analisamos. A letra inicial desligada do resto, segundo o doutor Max Pulver, mostra uma visão justa. Com formas abreviadas, visando ganhar tempo, e sem perder a legibilidade, o escritor simplifica os traços. Simplificar significa ganhar tempo, economizar energia, que pode ser deslocada para outras coisas – essa característica assinala possíveis tendências científicas. A escrita liga-

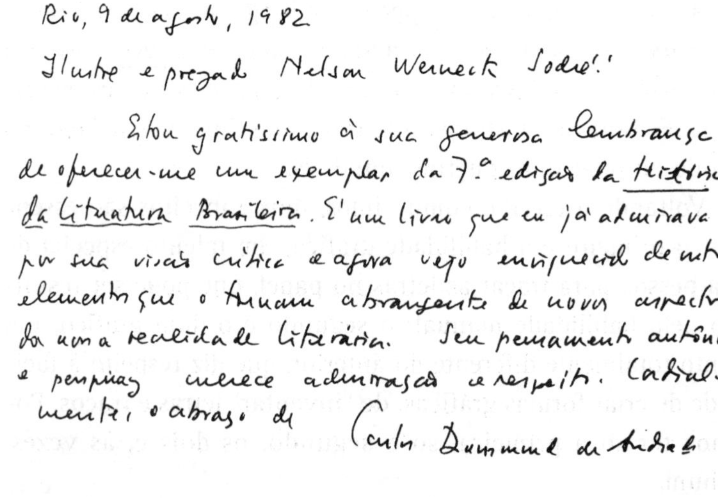

Rio, 9 de agosto, 1982

Ilustre e prezado Nelson Werneck Sodré:

Estou gratíssimo à sua generosa lembrança de oferecer-me um exemplar da 7.ª edição da História da Literatura Brasileira. É um livro que eu já admirava por sua visão crítica e agora vejo enriquecido de outros elementos que o tornam abrangente de novos aspectos da nossa realidade literária. Seu pensamento autônomo e perspicaz merece admiração e respeito. Cordialmente, o abraço de

Carlos Drummond de Andrade

Figura 21.1. Traços simplificados, ágeis, primeira letra, em alguns casos, desligada das demais. Observe a ligação entre a letra "t" e a letra "u" na palavra "Literatura"; ela indica plasticidade mental, criatividade.

da – cujas letras não se separam nas palavras – indica lógica, pensamento concatenado, capacidade de síntese. A escrita pequena demonstra capacidade de concentração e observação. As letras minúsculas bem cuidadas, assim como o maior desenvolvimento da parte superior das letras ("l", "h", "f" etc.), devem ser tomadas como algo indicativo de inteligência.

"E a criatividade, também é possível detectá-la na escrita?"

Sim, mas não é fácil, muito embora as escritas dos gênios sejam, por assim dizer, diferentes e originais. Alguns sinais gráficos que sugerem criatividade são: traços combinados; letras que, quando terminam, já servem de base para estruturar outras; ligações originais; exageros; espontaneidade gráfica; curvas exageradas e traços que caminham em várias direções; escrita rápida; movimentos desproporcionais. O autor "cria" formatos de letras.

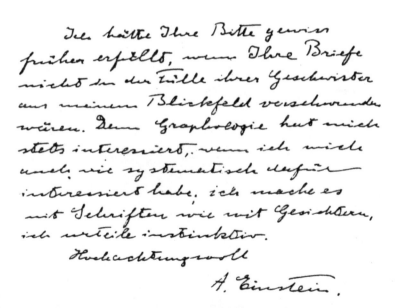

Figura 21.2. Escrita de Einstein: simplificada, organizada e limpa.

Podem surgir gestos de moderação e equilíbrio, porém quase sempre matizados, além de ligações na parte superior com formas únicas e originais. Um traço (ou dois) pode representar duas letras e suas ligações; espaços em branco (ou pontos-traços) podem representar (intuitivamente) outras letras.

22

Assinaturas de famosos e desconhecidos

Talvez a parte mais fascinante e importante do estudo da escrita seja a análise das assinaturas. A palavra "assinar" vem do latim *assignare*, significando afirmar, tornar verdadeiro o que estiver escrito antes. Trata-se da marca individual que identifica quem assina cheques, contratos, documentos etc. A assinatura está presente em elementos cotidianos: certidões, contratos, cheques, registros, cartas.

Juridicamente a assinatura pode ser utilizada como prova, pois relaciona a autoria do documento com a pessoa que o assinou. Assinar documentos é um ato cerimonioso e tem significado legal, portanto, exige atenção. Assinar é acima de tudo um ato de responsabilidade; ao efetivá-lo, empenhamos nossa "palavra" de forma cabal, com todas as consequências jurídicas que isso acarreta. Como exemplo de assinatura célebre pode-se citar a da princesa Isabel ao oficializar a Lei Áurea.

"Qual é a diferença entre autógrafo e assinatura?"

Autógrafo significa "pela mão de", ou seja, algo manuscrito. Assim, torna-se verdadeiro o adágio que diz que qualquer assinatura é um autógrafo, mas nem todo autógrafo é uma assinatura.

De acordo com Pedro Corrêa do Lago*, um dos maiores colecionadores de autógrafos do mundo, a palavra é bastante am-

---

* *Documentos autógrafos brasileiros.* Rio de Janeiro: Salamandra, 1997.

bígua, já que, para quase todas as pessoas, é sinônimo exato de assinatura, quando na verdade qualquer peça escrita por uma pessoa, usando sua letra, é autógrafo, seja ela assinada ou não. Autógrafo também pode ser um adjetivo: um documento autógrafo é um documento inteiramente escrito pela mão do autor, assim como um quadro ou uma pintura autógrafa são, segundo os especialistas, inteiramente da lavra do artista.

O autor reclama em seu livro, e com razão, da frequência com que os termos "colecionador de autógrafos" e "caçador de autógrafos" são confundidos; isso porque este último se interessa exclusivamente pela assinatura de ídolos em um papel ou algo parecido.

A assinatura nos individualiza, não existem duas iguais em todo o mundo. Deixando de lado a parte jurídica, os grafólogos a avaliam tendo em vista as características psicológicas, sempre em comparação com o texto. Max Pulver definia a assinatura como "uma biografia abreviada da pessoa".

A grande atividade física dos desportistas resulta em assinaturas com traços largos e abertos, cheios de energia, enfeitados e sublinhados. É comum que em assinaturas de humoristas apareçam desenhos, caretas, traços confusos, grandes, desproporcionais.

Alguns artistas me disseram que assinam contratos de modo diferente em relação aos "autógrafos", pois assim evitam que as pessoas falsifiquem sua assinatura. Alguns fazem traços confusos e outros nunca fazem duas assinaturas iguais, em cada momento criam uma nova (tecnicamente não existem duas assinaturas iguais, inclusive da mesma pessoa). Muitas vezes inventam, modificam ou reestruturam a assinatura por questões comerciais. Em alguns casos, essas distintas assinaturas mostram a diferença entre o artista e o ser humano.

Normalmente as assinaturas dos ditadores são confusas, angulosas, grandes, ilegíveis, com variações de pressão e traços largos. As de políticos são casos à parte. Os que gostam de ser compreendidos e de aparecer têm assinaturas legíveis e com tamanho grande, pois o orgulho e o ego tendem a ser inflados. Mas muitas delas são ilegíveis, confusas, bizarras, por assim dizer.

"Quando a assinatura é considerada boa? Acho minha assinatura feia; como posso fazer para mudá-la?"

Não existem assinaturas boas ou ruins, existe a sua assinatura. Antes de mudá-la, considere as implicações jurídicas disso: alterações na identidade, no cartão do banco e de crédito, na carteira de motorista, no passaporte etc. Caso realmente decida alterá-la, a principal sugestão é que sua nova assinatura seja legível, tenha formas simples, pressão firme, não tenha exageros, seja limpa (sem borrões), ligeiramente ascendente ou retilínea e colocada sempre à direita do texto; é desejável que tenha a mesma gênese do texto, isto é, seja igual ao texto. Isso requer treinamento e vontade.

Adotada a nova assinatura, boa sorte! Conheço pessoas que tentaram mudar e, dois meses depois de trocarem os documentos, retomaram a assinatura antiga. João Carlos, engenheiro, disse que foi como trocar de pele, não gostou nada. Haja tempo e dinheiro! Ana Paula, psicóloga, foi mais pragmática: casou e não mudou seu nome, continuou assinando como solteira. Depois de ter seus documentos furtados e falsificados, Valéria, administradora, resolveu criar uma assinatura tão confusa que, mesmo depois de muito tempo, ainda tem dificuldade para repetir.

Assinatura legível é sinal de sinceridade. Na hipótese de somente o sobrenome ser legível, a assinatura demonstra orgulho da família e desejo de tratamento formal. Quando a ênfase é dada ao primeiro nome, ela denota familiaridade, infância feliz e preferência pelo tratamento informal.

A assinatura ilegível não é sinal de uma mente mentirosa, pode ser produto de doenças, de condições precárias para escrever, da rapidez com que é executada, entre outros fatores. Mostra que a pessoa deseja preservar sua intimidade, por timidez, dissimulação ou covardia; indica confusão mental e tendência a complicar certas situações.

Figura 22.1. Assinatura de Michael Schumacher, ilegível e ascendente, com traços profundos. Indica agilidade mental, rapidez de raciocínio.

Figura 22.2. Assinaturas de Salvador Dalí. A segunda, feita alguns anos depois da primeira, mostra diversas torções e variação de pressão. Nessa época, o famoso pintor estava com mal de Parkinson.

Quando a assinatura é maior que o texto, demonstra orgulho e vontade de ser superior, desejo de ser notado. O autor se acha mais importante do que os valores sociais. Em alguns casos, pode indicar exagero na própria valorização. Quando é menor que o texto, a assinatura demonstra humildade, modéstia, aceitação de ordens. O equilíbrio entre os valores sociais, refletido por idêntico comportamento nas relações pessoais e profissionais, é demonstrado pela assinatura com o mesmo tamanho do texto.

Em resumo: quanto maior e mais inflado for o ego, maior será a assinatura.

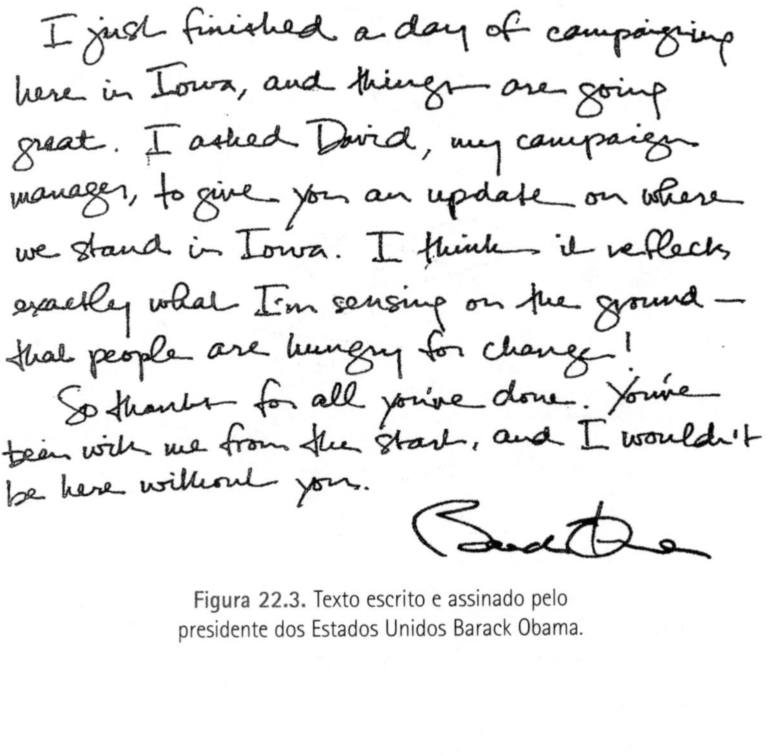
I just finished a day of campaigning here in Iowa, and things are going great. I asked David, my campaign manager, to give you an update on where we stand in Iowa. I think it reflects exactly what I'm sensing on the ground — that people are hungry for change!
So thanks for all you've done. You've been with me from the start, and I wouldn't be here without you.

Figura 22.3. Texto escrito e assinado pelo presidente dos Estados Unidos Barack Obama.

Figura 22.4. Assinatura de Ayrton Senna, após ser tricampeão mundial no Japão em 1991.

23

Como posso melhorar minha letra para o vestibular?

Eis outra questão que sempre aparece em minhas palestras ou em programas de rádio e televisão. Logo após vem a seguinte: "Caderno de caligrafia funciona? Quando as crianças devem começar a usar o caderno de caligrafia?" E não raro surge a súplica: "Pelo amor de Deus, salve-me, arrume minha letra para que eu passe no vestibular!"

Algumas correntes pedagógicas são contrárias ao uso do caderno de caligrafia quando a criança começa a escrever, e consideram adequado utilizá-lo somente após suficiente desenvolvimento da psicomotricidade. Outras defendem seu uso desde o início da alfabetização.

Essa é uma discussão sem fim, pois, se pesquisarmos, vamos observar que, na década de 1930, os professores já se preocupavam com as crianças que escreviam "cada vez pior", segundo notícias da época. Alguns educadores exigiam, no início do século XX, que a escrita dos estudantes apresentasse caligrafia vertical. Naquele tempo havia maior preocupação com a forma das letras do que com o aprendizado em si.

Discussões acadêmicas à parte, você pode conseguir melhorar sua letra. Mas primeiro tem de observar alguns princípios básicos. Antes de tudo, escrever é uma atividade cerebral e física; o corpo todo está envolvido. Então, como em qualquer atividade física, o aquecimento é fundamental. Quando for escrever, movimente as mãos circularmente, os ombros, a cabeça. Alongue os braços e as pernas e se espreguice várias vezes; só então comece a escrever. Obviamente, você não vai fazer isso em um restaurante antes de assinar o comprovante do cartão de crédito.

"E depois?"

A primeira coisa é atentar para a maneira como você segura a caneta, ou o material escrevente, como dizem os especialistas. Atente também para a posição do corpo e da mão, assim como a do papel em que vai escrever.

A posição do punho é essencial: ele deve acompanhar o eixo do braço. Não "quebre a munheca" ao escrever, algo que é quase uma regra básica para a boa caligrafia. Vale destacar que esse processo exige paciência e tempo, e, na maioria das vezes, a orientação de um profissional do ramo. Uma curiosidade: até a década de 1960 ainda existiam aparelhos que, colocados no braço das crianças, serviam para condicionar o gesto e evitar posturas errôneas – como a da munheca quebrada.

Tenho uma sobrinha que escrevia "saindo para ir ao cinema", ou seja, com o tronco de frente para a cadeira e as pernas voltadas para fora, em direção à porta: saindo para ir ao cinema. Sua letra era praticamente ilegível; depois de algum tempo escrevendo na posição correta, os resultados foram, por assim dizer, quase milagrosos. Outro problema é a pressa: escrever rápido reduz bastante a legibilidade da escrita. Deve-se sempre lembrar que a legibilidade é fundamental, então tente escrever mais devagar; somente com tempo e treinamento contínuo você poderá melhorar sua letra.

"E se ainda assim não conseguir escrever de forma legível?"

Vá a um oculista; muitos problemas de escrita, principalmente na escola primária, estão relacionados com a visão. Em vários casos, bastam simples óculos para que a escrita do aluno melhore e seu rendimento aumente quase imediatamente. Caso já use óculos, é possível que esteja na hora de trocá-los. As crianças nem sempre percebem isso, os pais devem ficar atentos.

Resolvida a questão da visão, chegamos à psicomotricidade. A análise desse item não é tão simples quanto possa parecer; as condições de saúde e psicológicas afetam a escrita, e muito. Nesse caso, um exame médico completo deve ser feito.

"Devo ir a uma escola de caligrafia?"

Nada o impede de fazer isso, se tiver tempo e dinheiro. Caso contrário, tente o bom e velho caderno de caligrafia e os conselhos citados. Perseverança é a palavra-chave.

Como curiosidade, vale mencionar que a arte da caligrafia ainda persiste em todo o Brasil. Diariamente, milhares de convites para festas, casamentos e aniversários são feitos pelos calígrafos. Existem escolas de caligrafia nas principais cidades de nosso país.

Além da letra legível, existe ainda outro item essencial para passar no vestibular: estudo, muito estudo. Boa sorte!

24

Como posso saber mais?

Espero ter explicado de maneira simples uma pequena parte do fascinante mundo da escrita. Os livros citados a seguir são básicos para estudá-lo.

CAMARGO, Paulo Sergio de. *Grafologia expressiva.* São Paulo: Ágora, 2006.

_____. *O que é grafologia.* São Paulo: Brasiliense, 1993.

VELS, Augusto. *Escrita e personalidade: as bases científicas da grafologia aplicadas à seleção de pessoal, à psicologia clínica, à pedagogia, aos estudos biográficos e à investigação da conduta em geral.* 4. ed. rev. São Paulo: Pensamento, 2001.

XANDRÓ, Mauricio. *Grafologia para todos.* São Paulo: Ágora, 1998.

As referências abaixo são indicadas para aqueles que já conhecem o assunto e desejam aprofundar seus estudos.

CAMARGO, Paulo Sergio de. *A grafologia no recrutamento e seleção de pessoal.* São Paulo: Ágora, 1999.

_____. *De Lula a Deodoro: a personalidade dos presidentes brasileiros.* São Paulo: Lasra, 2006.

_____. *Psicodinâmica do espaço na grafologia.* São Paulo: Vetor, 2007.

GILLE-MAISANI, Jean-Charles. *A psicologia da escrita.* São Paulo: Pensamento, 1999.

VELS, Augusto. *Dicionário de grafologia e termos psicológicos afins.* São Paulo: Casa do Psicólogo, 1997.

VIÑALS, Francisco; PUENTE, María Luz. *Psicodiagnóstico por meio da escrita: grafoanálise transacional.* São Paulo: Vetor, 2005.

Paulo Sergio de Camargo é um dos mais bem preparados e conceituados grafólogos brasileiros. Membro de honra da Agrupación de Grafoanalistas Consultivos de España e da Sociedade Brasileira de Grafologia, é também escritor, especialista em linguagem não verbal e consultor de empresas nacionais e multinacionais. Como grafólogo com o maior número de livros publicados na América Latina, é constantemente convidado a fazer palestras no Chile, na Argentina e no México. Tem centenas de artigos publicados na imprensa brasileira e foi consultor da revista *Destino* e articulista do jornal *Gazeta do Povo*, de Curitiba, com a coluna "Grafologia". Pela Editora Ágora publicou também *A grafologia no recrutamento e seleção de pessoal* e *Grafologia expressiva*.

IMPRESSO NA **GRÁFICA**
sumago gráfica editorial ltda
rua itauna, 789 vila maria
02111-031 são paulo sp
telefax 11 **2955 5636**
sumago@terra.com.br